浙江省社科规划课题成果（科普读物）
课题编号：24KPDW04YB

品宋

雨润江南风倦客

张立峰 著

浙江摄影出版社
全国百佳图书出版单位

责任编辑：唐念慈
装帧设计：李腾月
责任校对：王君美
责任印制：汪立峰　陈震宇

图书在版编目（CIP）数据

雨润江南风倦客 / 张立峰著 . -- 杭州 : 浙江摄影出版社 , 2024.12
（品宋）
ISBN 978-7-5514-4767-6

Ⅰ . ①雨… Ⅱ . ①张… Ⅲ . ①文化史 – 中国 – 宋代 Ⅳ . ① K244.03

中国国家版本馆 CIP 数据核字 (2023) 第 225275 号

YU RUN JIANGNAN FENG JUAN KE
雨润江南风倦客
张立峰　著

总策划：浙江大春传媒有限公司
出品：杭州紫金港文化传播有限公司
统筹执行：南宋书房
全国百佳图书出版单位
浙江摄影出版社出版发行
地址：杭州市环城北路 177 号
邮编：310005
网址：www.photo.zjcb.com
制版：壹品设计工作室
印刷：浙江全能工艺美术印刷有限公司
开本：710mm × 1000mm　1/16
印张：14.25
2024 年 12 月第 1 版　　2024 年 12 月第 1 次印刷
ISBN 978-7-5514-4767-6
定价：168.00 元

序 言

天气预报员，可能是对天气变化最敏感的职业人群了。

十七年前，我还在杭州市气象台预报天气，努力探寻那阴晴雨雪背后永无止息的变化。因为要 24 小时值守，夜阑人寂时，我常会仰望星空，胡思乱想：古代没有气象预报，天气对于古人而言，似乎是永远充满悬念的。

当未知的天气在古人的生活中变幻，又会演化出怎样的一番光景呢？这是个让人着迷的问题。

在山水旖旎、游人如织的西湖边，我经常能听到熟悉的乡音。作为一个北方人，我非常理解他们对于诗画江南、人间天堂的好奇与向往。

“杏花春雨江南”[1]，多么美的词句，多好的江南“广告语”。

读到元代文人虞集的这首词时，我脑子里冒出的想法是：

[1] ［元］虞集：《道园学古录》卷四《风入松》，四库全书本。

同样是处于北纬 30 度附近，其他大洲或国家常年受副热带高压控制，气候干旱炎热，如中东的阿拉伯沙漠、美洲荒漠中的大峡谷、非洲广袤的撒哈拉沙漠。唯有中国的江南，似乎受到了上天的眷顾。复杂的天气系统在江南地区冷暖交汇、兴云布雨，从而孕育出这片富饶的鱼米之乡，这缘于青藏高原的巍然屹立，迫使“西风带”进行南北绕流，以及亚欧大陆与大洋之间夏季风的爆发与北进，在此共同作用下，塑造出了中国江南的烟雨“绿洲”。

唉，我这无可救药的“职业病”与“理工男”思维。

2010 年，因参加南宋皇城“观象台”复原的整理考证工作，我开始接触宋代史。未承想，这一个“猛子”，就栽进了宋代史这片“汪洋大海”中。

不久后，我响应号召，志愿参加“援疆”工作，来到美丽的南疆盆地。阿克苏的蓝天格外高远明澈，我在这里从事天气预报工作，工作既有挑战，更有收获。为了排遣思乡之情，我将大部分业余时间都投入到了浩如烟海的“宋史世界”。

这本书的很多基础史料，都源于那段时间的阅读“打捞”。

2020 年，因缘际会之下，我有幸参与“杭州优秀传统文化”丛书的编著。在写作《阴晴雨雪五千年》的过程中，当年那个让我着迷的问题又不断从心底泛起。

在“天人之间”，有很多有趣的历史值得发掘。而这套“品宋”书系，给了我一个很好的讲述机会。

寒来暑往，没有空调、冰箱的宋人如何度过冬夏？四季更迭，女子的头饰是否也有一套四时插戴法则？瘟疫爆发，南宋政府如何交出“高分答卷”？灾临城下，大文豪如何与大洪水正面“对决”？报晓人“叫早”，附送哪些“公共气象服务”？皇帝祈雨前，谁在幕后提供“天气预报”……

面对喜怒无常的“天气陛下”，宋人总有令人赞叹的智慧迸发，让我时不时地被震撼。

站在时间的彼岸，回望历史。这本书，试图追寻往日风雨的足迹，去寻找蓬勃向上、生生不息的宋代江南。这本书，也是对十七年前那个在夜晚喜欢胡思乱想的青年的一个迟来的回应。

又收到天气预报了。明天将有一个暖风熏人的好天气，且到西湖边游春赏花去。

张立峰

2023 年 3 月

目　录

第一章
钗寒又一年：四时情味

中国人历来重视节令。《礼记·月令》记录了一年十二个月的天象、物候等自然变化，还按月记述了衣食住行、政令颁布、祭祀礼仪等内容。《后汉书·律历志》记载："若夫用天因地，揆时施教，颁诸明堂，以为民极者，莫大乎月令。"[1]简而言之，古人顺天应时，在不同月份里施行相应的政令，称之为"月令"，其隐含的思想是在认识和遵循自然规律的情况下，达到人与世界万物和谐共生的生活图景。

从东汉开始，《月令》从《礼记》中独立出来，并相继诞生了《四民月令》《唐月令》《四时纂要》等著作，"天人相应"的节令文化渐成体系，成为我国古代社会极具特色的时间坐标系。到了宋代，整个国家崇儒重礼，与节令密切相关的民俗生活也变得丰富多彩，宋人独有的四时情味也更加动人。

[1] [南朝宋] 范晔:《后汉书》卷一百三《志第三·律历下》，中华书局，1965 年。

一、宋人的四季观：从感性到理性

在我国艺术史中，《诗经》题材入画由来已久。现存文献中最早画诗经图的人是东汉的刘褒。张彦远在《历代名画记》中说，刘褒“曾画云汉图，人见之觉热；又画北风图，人见之觉凉”[1]。《云汉》和《北风》都是《诗经》中的篇章。到了宋代，以《诗经》为题材的画作大量涌现，其中又以马和之的《毛诗图》最为著名。

马和之是著名的南宋宫廷画家，活跃于高宗、孝宗两朝，《武林旧事》将他列入“御前画院”诸家之首[2]。宋孝宗“每书《毛诗》[3]三百篇，令和之写图”[4]，一首诗配一幅画，以画境呈现诗意。

马和之的《毛诗图》不仅颇合上意，艺术成就也很高。元代王蒙称赞说：“脱去铅华艳冶之习，而专为清雅圆融，向来画院一派，至是而为之一洗矣。”这些《毛诗图》中“风、雅、颂”三类诗歌作品皆有，但以带有地方色彩、反映风土人情的“国风”最具代表性。

[1] ［唐］张彦远：《历代名画记》卷四《后汉》，浙江人民美术出版社，2011年。

[2] ［宋］周密著，李小龙、赵锐评注：《武林旧事》卷六，中华书局，2007年。

[3] 这里所说的《毛诗》是指西汉时期毛亨和毛苌注释的《诗经》，今本《诗经》由此流传而来，故称。

[4] ［元］庄肃：《画继补遗》卷上。

传南宋马和之，《豳风图》卷之《七月图》，故宫博物院藏

《七月》图景

《豳风》是记载豳地（今陕西省彬州市、旬邑县一带）的诗歌，属于《诗经》十五《国风》之一。《豳风·七月》是《豳风》七篇中最杰出的一首长诗，是我国较早涉及时令变化及农事活动的诗歌，堪称二十四节气之滥觞。

展开马和之的《豳风图》，画卷共分七段，第一段为《七月图》，观之让人重回诗经时代，"目睹"三千年前古人的四时生活。

图画右侧白云升腾、星宿列张，天空中以线相连的小圆圈共有七组，与星宿图对比可知此即二十八星宿中的东方青龙七宿。下方的河岸边，有二人正仰首观察天象。《七月》诗开篇提到"七月流火"，表明当时的人们在黄昏看到醒目的大火星[1]从正南方向西滑落，便知道时令已到夏历七月，暑气即将消退。"七月流火"的意象颇具文学性，后世文学作品深受其影响，如李白《太原早秋》诗云："岁落众芳歇，时当大火流。"

相传，上古帝尧时期设有"火正"一职，负责观测大火星的位置和运行变化。人们观察到夏历三月黄昏，大火星出现在

[1] 即"心宿二"，"心宿"为东方第五宿，即画面中从右下数第五组呈倒"V"形的三颗星，"心宿二"是呈红色的超巨星，因此古人称之为"大火星"。

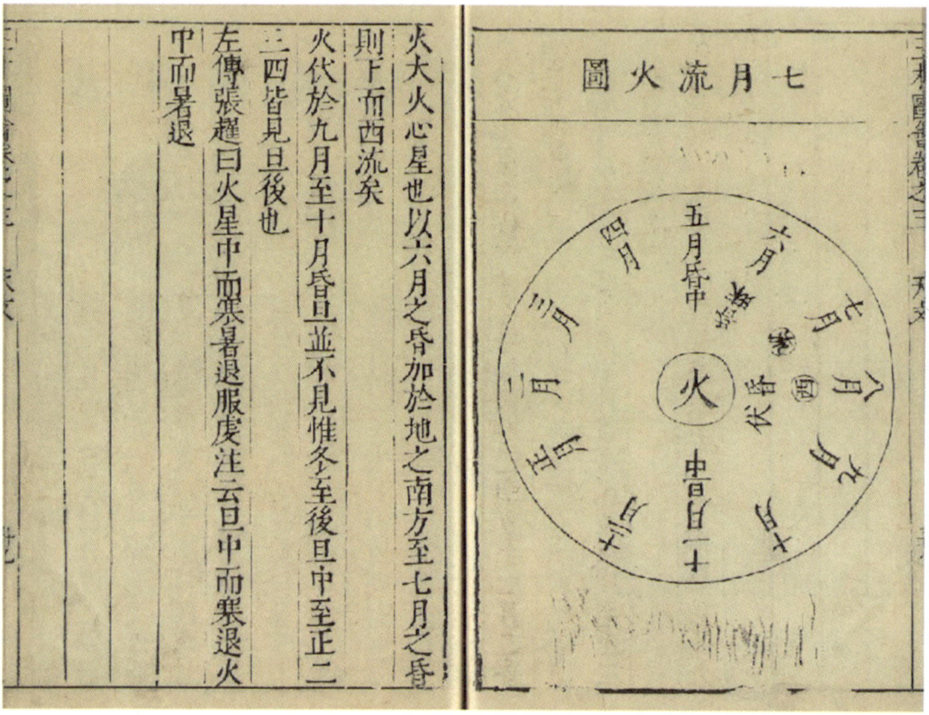

《七月流火图》(明王圻、王思义撰辑《三才图会·天文三》,明万历三十七年原刊本)

东方地平线上;六月黄昏,出现于正南方且位置最高;九月黄昏,大火星沉入西方地平线;十二月清晨,出现于正南方。根据大火星全年运行的规律,形成了“火历”。先民借此天象变化,察知四时更迭,安排一年的农事劳作与日常生活。

回到画面,穿过画中的云层,可以看见四位女子正在枝叶茂盛的桑树下采桑,印证《七月》诗中所述的“春日载阳,有鸣仓庚。女执懿筐,遵彼微行,爰求柔桑”,即妇女春日里采摘桑叶用以养蚕的情景。再向左描绘的是“三之日于耜,四之日举趾。同我妇子,馌彼南亩,田畯至喜”的耕作情景:五位农夫正在官田——“南亩”中扶犁耕地,迎面而来的是家中的妇孺,他们将饭食送到田间地头;旁边还有三位农官——“田畯”站在田边巡视农耕生产。田畯是古时管理田地的基层官员，朱熹《诗经集传》中说：“田畯、田大夫，劝农之官也。”[1]春季耕种为“食之始”，是古代社会的头等大事。“四之日”为农历的二月，这是一种古朴的记月方法。此时，农夫们下田耕作，家中妻儿前来送饭，见到此番忙碌有序的春耕景象，前来巡视的农官很是高兴。

画面最左侧的场景与农耕活动迥异：公堂中，众人正落座饮宴，屋檐下有为祭祀准备的美酒羔羊，院落里一群人正载歌载舞。此画面正描绘了古人年终贺岁宴飨的场景：“朋酒斯飨，曰杀羔羊，跻彼公堂。称彼兕觥，万寿无疆。”与堂下相比，堂上的宴饮显得安静有序，似在表现“为此春酒，以介眉寿”的场景，众人或端坐不动，或拱手而立，桌面上纤尘不染，杯盘排列整齐。这正符合《诗经·大雅·常武》中所说的“既敬既戒”，也暗合宋代儒学所推崇的“诚敬”思想。

这幅《豳风图》撷取诗中要义，以男耕女织、欢庆收获的场景来代表《七月》诗对于四时农耕生活的描写，马和之是秉承宋高宗赵构的旨意绘制此图，故而尺幅之间流露出的尽是世间王道乐土、百姓安居乐业的淳朴诗意。

另一卷传为马和之所绘的《豳风七月图》采用系列绘画

[1] ［宋］朱熹注：《诗经集传》卷三，世界书局，1936 年。

传南宋马和之,《豳风七月图》,美国弗利尔美术馆藏

的表现形式,展现了不同季节或月份里豳地百姓修理农具、下田耕作、采桑养蚕、织布染色、修房盖屋、农闲行猎和凿冰藏冰等劳动场景。与《豳风图》相比,这卷《豳风七月图》中的人物、建筑和器具更加具体,描绘了当时的农业生产、社会生活的基本面貌。

《七月》诗对一年之中的二十余种植物生长、动物活动、气象变化和星象规律等,都有较为翔实的记录。这些描述直观地记载了季节时令的变迁与物候变化的对应关系。通过掌握上述知识,《诗经》时代的人们要进行多达三十多种日常农事劳作,呈现出先民以时令、物候知识指导农业生产的生存状态,展现出古人循天时、重人伦的农耕智慧。

马和之通过绘画再现了几千年前劳动人民的生活图景,这何尝不是对宋人自身生存状态的观察与记录?这些画作背

后，既是宋人对四时坐标体系的长久共情，也是画家对这一坐标体系“当代价值”的再确认。

四时的理性认知

古人对四季划分相当重视，一般以农历正月为始，每季三月，春夏秋冬，周而复始。

北宋时期，杭州僧人释元照（1048—1116）通过量化太阳相对地球的南北“视运动”，阐述四时八节轮转循环的变化规律。在其撰写的《四分律行事钞资持记》中记载：“以天上南北相去有一百八十道，日于此中来去，以分八节。且为夏至日在北第一道，向南行超四十五道是立秋，又越四十五道是秋分，又越四十五道是立冬，又越四十五道、极南第一道是冬至。从北却回至立春、春分、立夏、夏至，各经

南宋佚名，《大智律师元照像》（局部），美国克利夫兰艺术博物馆藏

四十五道还至极北，如是终而复始。”这一理论是对寒来暑往、季节更替原因的探索，其思想与太阳直射点的南北回归运动，十分接近。

借此，释元照进一步阐发：“以十五日为一气，一气有三候，一候有五日，三气为一节。一年有四时、八节、二十四气、七十二候、三十六旬。”这将四时八节、二十四节气等独具东方特色的时间坐标体系的划分标准阐述得十分清楚。

南宋文人周密曾长期寓居都城临安（今浙江杭州），他在考虑气温及气候总体情况后，提出了近似于现代气象学的

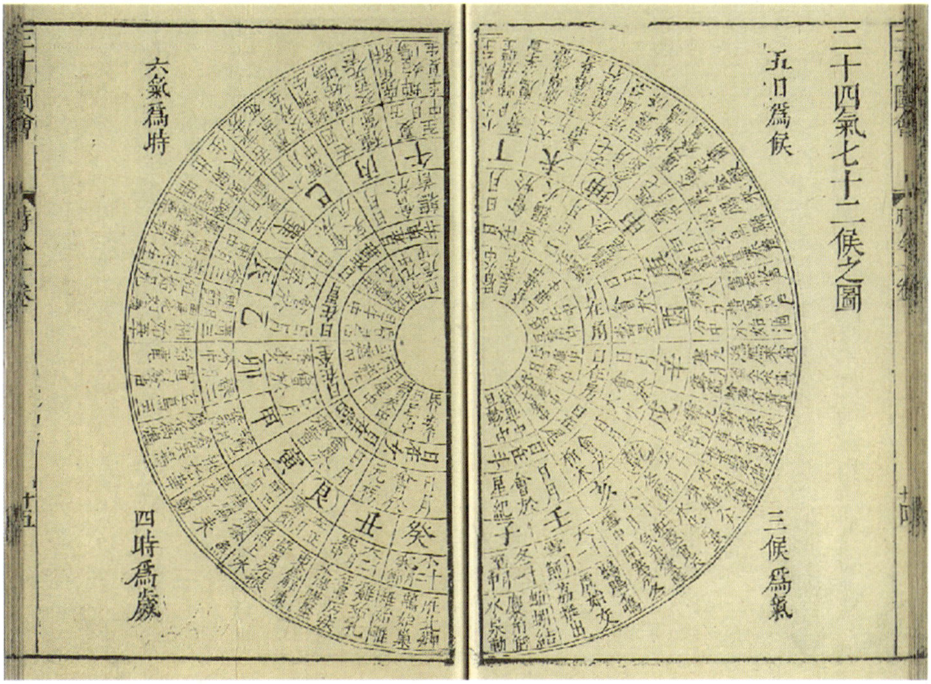

《二十四气、七十二候图》（明王圻、王思义撰辑《三才图会》卷三十五《时令一》，明万历三十七年原刊本）

四季划分观点：“周岁十二月平分四时，余欲以二、三月为春，四、五、六、七月为夏，以八、九月为秋，十、十一、十二并来年正月为冬。何以言之？春生，正月物未生；夏暑，七月暑未退；秋凉，九月与八月同；冬寒，正月与十二月同。”[1]前人多依据中原地区的气候来平均划分四季，而临安城位于长江以南的钱塘江畔，夏季较北方长，冬季气温虽比北方高，却多阴冷潮湿天气，故而人们多觉得冬夏长而春秋短。这是周密以冷暖感觉划分四季的观点。

但是，传统上四季的划分一般是每三个月为一季，即“十二月平分四时”。照此方法，为了将春温、夏热、秋凉、冬寒，即每个季节的“寒温之正”与三个月份的时间段更好地对应起来，周密进一步提出：“余则欲以二、三、四月为春，五、六、七月为夏，八、九、十月为秋，十一、十二、来年正月

[1] ［宋］周密：《癸辛杂识》，中华书局，2010年。

为冬，如此始得寒温之正耳。”[1]考虑到阳历月较农历月大约超前近一个月的情况，相当于三月至五月为春季，六月至八月为夏季，九月至十一月为秋季，十二月至次年二月为冬季。

事实上，现代气象学便是以气温作为季节划分的主要依据，根据《气候季节划分》[2]标准，从天气气候角度，按照日平均气温将一年划分为不同的阶段，通常分为春季、夏季、秋季和冬季四个季节[3]。现代季节的气象学划分方法与周密的划分方法在核心思想上是一致的，即“此说但据寒温而言”。由此可见，周密关于四季认知的超前性。

对于四季变迁与农业生产关系，宋人的理解也更加深入透彻。南宋著名的农学家陈旉认为，正确地认识并掌握天时规律、顺应寒暑变化，对于农业生产至关重要。陈旉《农书》卷上《天时之宜篇第四》中载：“阴阳一有愆忒，则四序乱而不能生成万物。寒暑一失代谢，即节候差而不能运转一气。在耕稼盗天地之时利，可不知耶？”农耕本就是要充分利用天时地利，若是四时失序、寒暑失调，必然会产生灾变，只有“顺天地时利之宜，识阴阳消长之理，则百谷之成斯可必矣”。

[1] ［宋］周密：《癸辛杂识》，中华书局，2010年。

[2] 国家标准，标准号GB/T42074–2022。

[3] 春季为日平均气温或滑动平均气温大于或等于10 ℃且小于22 ℃；夏季为日平均气温或滑动平均气温大于或等于22℃；秋季为日平均气温或滑动平均气温大于或等于10 ℃且小于22℃；冬季为日平均气温或滑动平均气温小于10℃。

南宋扬无咎，《四梅花图》，故宫博物院藏

我国农历为阴阳合历，以朔望定月（月球绕地球一周），又求合于太阳回归年（地球绕日公转一周）。因为十二个朔望月实际只有 354.3672 日，比一个回归年短 10.8753 日，需要用闰月调剂，每十九年置七个闰月，故而用农历月份表示季节会受到闰月有无的影响。陈旉书中所说的“阴阳有消长，气候有盈缩”，就是这种情形。此外，寒暑的来临有早晚，物候的出现也并非一成不变，譬如“仲冬而李梅实，季秋而昆虫不蛰藏”的情况也不在少数，因此要结合天时，灵活安排农业生产，不能“冒昧以作事”。

研习格物之道的宋人还通过观梅，感悟自然变化之理与天地运行规律。大儒朱熹用梅的生长过程，重新诠释乾之四德“元亨利贞”：“梅蕊初生为元，开花为亨，结子为利，成熟为贞。”[1]“四德”是事物存在与演变的四种状态，元、亨为生发，利、贞为收敛，“以四时言之，为春夏秋冬”[2]。朱熹还进一步阐发：“元者，生物之始，天地之德莫先于此，故于时为春……亨者，生物之通，物至于此莫不嘉美，故于时为夏……利者，生物之遂，物各得宜，不相妨害，故于时为秋……贞者，生物之成，实理具备，随在各足，故于时为

[1] [宋] 黎靖德编，王星贤点校：《朱子语类》卷六十八《易四》，中华书局，1986 年。

[2] [宋] 黎靖德编，王星贤点校：《朱子语类》卷六十八《易四》，中华书局，1986 年。

冬……”[1]

在扬无咎的《四梅花图》里，画卷从右至左，分别描绘了一年四季中梅花含苞、初发、盛开、凋零的四个阶段，这可以看作是“四德”的另一种表现形式。四株梅枝的姿态也从左斜逐渐变为右倾，通过取象比类的思维方式，暗示着天地“阳气”从生发到衰减的自然周期，从而点出宋人盛极必衰、物极必反的易理思辨精神。

二、上上大吉：春雷起垫说惊蛰

阳气初惊蛰，韶光大地周。
桃花开蜀锦，鹰老化春鸠。
时候争催迫，萌芽护矩修。
人间务生事，耕种满田畴。[2]

这首保存在编号 P.2624 敦煌遗书中的《惊蛰二月节》诗，描述了唐代的惊蛰节气到来时的情景：阳光洒遍大地，天气开始转暖，蛰伏的动物们在春雷的震响下纷纷苏醒、活

[1] [宋] 朱熹：《朱子全书》第一册《周易本义·文言传》，上海古籍出版社、安徽教育出版社，2002 年。

[2] 徐俊：《敦煌诗集残卷辑考》，中华书局，2000 年。

动。春鸠啼鸣声声不已，桃花绽放如蜀锦般绚丽，温暖的气候催促着万物生长，那些萌发的幼芽很快就会长高、长大。农夫们也纷纷抓紧时间下田耕作，种下一年的希望，正所谓："微雨众卉新，一雷惊蛰始。田家几日闲，耕种从此起。"[1]

在我国古代有一类非常"小众"的画题，它们或曰"春雷起垫"，或曰"春龙出蛰"，或曰"春雷起蛰"，或曰"风云出蛰"，不论题名，均以描绘惊蛰节气为主。目前可以见到的创作时间较早的该类画作，当属北宋燕肃的《春雷起垫图》。

燕肃（961—1040）生于北宋初年，字穆之，益都（今山东青州）人，中国科学技术史专家李约瑟博士曾经说："燕肃是个达·芬奇式的人物，他是宋仁宗时期的学者、画家、工艺家和匠师。"[2]作为一位古代科学家，燕肃曾经成功复原了指南车、记里鼓车，发明了"莲花漏"。但燕肃在科技领域最大的成就应是关于潮汐的研究，其著作《海潮论》首次科学地阐述了海潮原理，他还绘制出具有实用价值的《海潮图》，较为准确地推算出海潮涨落时间。

燕肃工诗善画，以诗入画，意境高远，是宋代文人画的先行者之一。深厚的科学素养和文化功底滋养了燕肃的绘画艺

[1]［唐］韦应物《观田家》，《全唐诗》卷一百八十一，中华书局，1980年。

[2]［英国］李约瑟：《中国和西方的科学与社会》《科学史译丛》，1986年第3期。

北宋燕肃，《春雷起垫图》，私人藏

《春雷起垫图》(局部),远景中的天气

术。他擅长全景式山水构图,北宋书画鉴赏家董逌曾评价其作品有“不失自然,使气象全得,无笔墨痕迹,然后尽其妙”[1]的自然之美。其画作别具一格,在绘画创作过程中很重视写实,“平生画皆因所见,未尝架空凿虚,随意增损”[2]。

《春雷起垫图》是燕肃现今存世不多、颇具写实风格的绘画作品之一。画作整体构图分为江岸与溪口、大江与对岸、天空与云层三个部分,分别构成画面的近景、中景和远景,具有很强的层次感。

画作近景大约占据画幅的一半,以溪水岸边几株大树在风中从右向左摇摆的枝条来特写强风来袭的场面。稍远处溪岸左侧的树木枝条也同样随风飘摇,昭示着风雨来袭。中景约占据四分之一的画幅,描绘了江岸溪口处停着的几艘桅杆矗立、落了帆的江船,以及船上与岸边或坐或立的人物,他们均仰头观望天空中风云突变的景象。

远景是作为背景出现的天空,空中乌云密布,云层翻卷。右上角乌云的底部,有一条白线穿过薄云,向斜下方蜿蜒伸出,若隐若现。按照画题“春雷起垫”,似乎可以认为白线是闪电,但观其形态更像是尚未及地的龙卷风。原因是白线线

[1] [宋] 董逌:《广川画跋》卷五《书燕龙图写蜀图》,四库全书本。

[2] [宋] 董逌:《广川画跋》卷五《书陈中玉收桃花源图》,四库全书本。

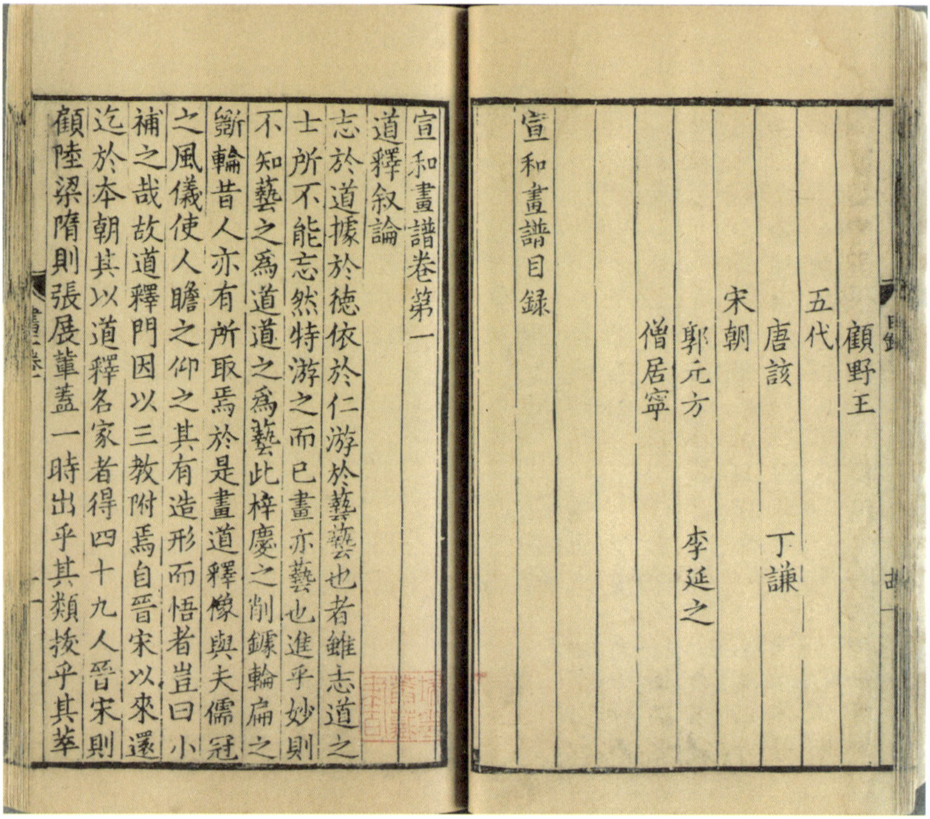
顧野王
五代
唐該 丁謙
宋朝
郭元方 李延之
僧居寧
宣和畫譜目録

宣和畫譜卷第一
道釋敘論
志於道據於德依於仁游於藝藝也者雖志道之
士所不能忘然特游之而已畫亦藝也進乎妙則
不知藝之爲道道之爲藝此梓慶之削鐻輪扁之
斲輪昔人亦有所取焉於是畫道釋像與夫儒冠
之風儀使人瞻之仰之其有造形而悟者豈曰小
補之哉故道釋門因以三教附焉自晉宋以來還
迄於本朝其以道釋名家者得四十九人晉宋則
顧陸梁隋則張展輩蓋一時出乎其類拔乎其萃

宋代《宣和画谱》书影（元大德六年吴文贵杭州刊本）

条的弧度相对平滑，从上至下由粗变细，欲伸向地面，这些都与尚未及地的龙卷风特征较为接近，与树枝状的闪电则有差别。

画题“春雷起垫”中的“垫”字该作何解释呢？在《说文解字》里“垫”释义为“下也，谓地之下也”[1]，这里的“起垫”有开启“伏藏”之义，而“春雷起垫”正符合惊蛰节气的寓意。

我国中原地区惊蛰前后会出现“杏花惊蛰寒”[2]的气候现象，即地气回暖、杏花绽放的同时冷空气又相对活跃。由于冷暖空气时常交汇，大气不稳定能量容易积聚，因此春季强对流天气频发。《春雷起垫图》描绘的正是北宋某次惊蛰

❶［汉］许慎：《说文解字》卷十三下，中华书局，1985 年。

❷［宋］萧汉杰《菩萨蛮·春雨》，唐圭璋编：《全宋词》，中华书局，1965 年。

前后强对流天气发生图景，是“写真式”山水画，极为难得。

《春雷起垫图》并非唯一的以惊蛰为描绘对象的画作，也不是最早的。北宋《宣和画谱》记载，五代时期的花鸟画家黄荃曾绘有《春龙出蛰图》[1]；宋徽宗“御府所藏”顾恺之的画作之中，也有一幅《春龙出蛰图》[2]。这两条记录说明，该类画题出现的时间早于北宋，甚至可以追溯到东晋时期。

在宋代还能找到关于董源《风雨出蛰龙图》、许道宁《春龙出蛰图》等绘画的记载。宋代以后，类似主题的画作虽非主流，但也时有出现。

有意思的是“春雷起垫”这一自然意象在道教理论中还蕴含着另一番寓意。据《正统道藏·扶天广圣如意灵签》记载，“春雷起蛰，品物咸亨。应龙飞跃，风云勃兴”[3]，这属于“上上大吉”的签文。对应签文，还有非常吉利的占词：

> 占阴晴，雨。田蚕大收，坟葬吉利。六畜大旺，行人立至。求谋大遂，求财大利，婚姻大成，官事大吉。谒见遇贵，出行大通。修造清吉，疾病即愈。走失即见，生产有喜。捕盗便获，祷祀获福。怪异无咎，移徙获吉。家宅大安，文书有就。

[1]《宣和画谱》卷十六《花鸟二》，元大德吴氏刻本。

[2]《宣和画谱》卷一《道释一》，元大德吴氏刻本。

[3] 张继禹主编：《中华道藏》第三二册《扶天广圣如意灵签·第九十二》，华夏出版社，2014 年。

宋代佚名，《十八学士图》，台北故宫博物院藏

从签文和占词看，“春雷起蛰”所代表的意象正是“大吉”之兆，那么《春雷起垫图》中的寓意自然也是十分吉祥的。到了明代后期，“春雷起蛰”类的画作似乎又与祈雨相联系。苏州文人文震亨（1585—1645）在其著作《长物志》中曾经专门谈到悬挂和欣赏绘画要特别注意时令，“祈晴则有东君；祈雨则有古画风雨神龙、春雷起蛰等图”[1]，即祈求天晴要悬挂“东君”图；祈雨则悬挂“风雨神龙”“春雷起蛰”等画作。

宋人强调挂画为“四般闲事”之一，通常而言悬挂在厅堂里的画作并非一成不变。有条件的人家要一年四季不断更换，张悬与节令相呼应的画作，以体现天气节气的交替，乃至岁月光阴的流转，用文震亨的话说就是“以见岁时节序”。

三、避暑如避仇

对于夏季的高温炎热，宋代诗人们在许多诗篇里都有花式“吐槽”，也因此让后人能从文学语境中感受到千年前的夏日温度。

[1] [明] 文震亨：《长物志》卷五《书画·悬画月令》，四库全书本。

张耒曾言“初伏炎炎坐汤釜”[1]，才到初伏天气就已经非常炎热了，热得好像坐在滚烫的容器里。周紫芝的《夏热叹》写道“祝融当权不可夺，海水欲沸山欲裂”[2]，把盛暑来临比作火神祝融当权，并夸张地说高温将使海水沸腾、山峦爆裂。四川人郭印更加夸张，他把南方炎暑之地比作“乾坤一火坑”[3]。最有趣的当属周麟之，他有“避暑如避仇”[4]之语，真是绝妙的比喻，让人忍俊不禁，又深感无奈。

那么，这酷暑难耐的盛夏，宋人又是怎样度过的呢？

殿阁生清凉

就避暑的场所来说，当以帝王的避暑之地最为人向往。

早在春秋时期，吴王夫差就曾在苏州西洞庭的消夏湾建造离宫，这里三面环峰，一门水汇的地形地貌，造就了“一湾湖作沼，六月暑如秋”[5]的清凉环境。到了西汉王朝，正宫未央宫建有清凉殿，殿内设有多重降温装置，以玉石为床，用玉盘盛冰，制冷效果极佳，还有宫人执扇，可谓“中夏含霜”[6]，无上清凉。

唐代有翠微宫、九成宫、玉华宫等不少供皇室贵胄避暑

[1] ［宋］张耒《初伏大雨呈无咎》，《全宋诗》卷四八八。

[2] ［宋］周紫芝：《太仓稊米集》卷十《夏热叹》，四库全书本。

[3] ［宋］郭印：《云溪集》卷七《苦热三首·其三》，四库全书本。

[4] ［宋］周麟之：《海陵集》卷一《苦热行》，四库全书本。

[5] ［清］张大纯《消夏湾》，引自清徐崧、张大纯辑：《百城烟水》卷一《苏州府》。

[6] 何清谷：《三辅黄图校释》，中华书局，2005年。

的离宫别馆。若是出不得都城，帝王们就选择在长安的皇宫内修建凉堂避暑。唐玄宗曾建有凉殿，“时暑毒方甚，上在凉殿坐后，水激扇车，风猎衣襟”[1]。这座凉殿傍水而建，依靠水流的冲击推动扇车旋转，产生强劲的人造风。借助机械装置，还可以将水送至凉殿屋顶，产生“四隅积水成帘飞洒，座内含冻”的降温效果，热播剧《长安十二时辰》中的“自雨亭”就是这款避暑神器在荧屏上的再现。

南宋建都临安（今浙江杭州）后，此地夏季暑热更甚于北方的汴京（今河南开封）。不过，南宋帝王的避暑条件依然优越，居所周围栽植了长松修竹，以达到浓荫蔽日的效果；再堆叠上假山飞瀑，瀑布下方凿出十亩水池，里面种满红、白莲花；最绝的是在庭院里摆满茉莉、素馨、建兰、朱槿、玉桂和红蕉等花卉，再用风轮鼓风吹来，制造出满殿清芬的效果。殿内再放置几十盆冰，风吹过，寒气逼人，以至于觐见皇帝的大臣在三伏天里竟然冷得“体粟战栗，不可久立”[2]。

南宋的高级政府机关——秘书省，也使用“人工水帘”。《南宋馆阁录》记载“屋北有井，灌水于屋脊，巡檐而下，如雨溜焉”[3]。秘书省的屋脊和屋檐上铺设了水路管道，当盛夏

[1] ［宋］王谠：《唐语林》卷四《豪爽》，四库全书本。

[2] ［宋］周密著，李小龙、赵锐评注：《武林旧事》卷三《禁中纳凉》，中华书局，2007年。

[3] ［宋］陈骙：《南宋馆阁录》卷二《省舍》，四库全书本。

传唐代李思训，《九成避暑图》，故宫博物院藏

来临时，利用机械装置等将清凉的井水引入管路中，水顺着房檐四散而下，通过这种类似“人工降雨”的方式达到降温消暑之效。秘书省这套“水冷系统”的不足之处，即缺少送风设备，不过这属于白璧微瑕。

夏热如煮。与唐人在宴席上“取大冰使匠琢为山”[1]的豪奢举动相比，风雅的宋人更善于利用自然条件和精巧设计改善起居环境，寻求日常生活的清凉与舒适。

以司马光的独乐园为例，园主进行了综合性的避暑营造。据《独乐园记》记载：“横屋六楹，厚其墉茨，以御烈日；开户东出，南北列轩牖，以延凉飔；前后多植美竹，为清暑之所。”[2]司马光在修建园林时利用加厚隔温的墙壁和屋顶来抵御烈日，房屋的门朝向东方，南北墙面开设并排的窗户以营

[1] ［五代］王仁裕：《开元天宝遗事十种》卷上，上海古籍出版社，1985年。

[2] ［宋］司马光：《温国文正司马公文集》卷六十六《独乐园记》，四部丛刊本。

北宋郭忠恕，《明皇避暑宫图》，日本大阪市立美术馆藏

明代仇英，《独乐园图》，美国克利夫兰艺术博物馆藏

明代佚名，《司马光归隐图》，独乐园一角，美国弗利尔美术馆藏

南宋赵伯骕，《风檐展卷图》，台北故宫博物院藏

造自然通风的室内环境，四周多种植修竹以遮阴消暑。独乐园中的水系设计也颇具巧思，不仅“中央为沼”，还引水“贯宇下”“绕庭四隅”，如此多水的环境当然能发挥出明显的增湿降温作用。

盛夏时节，榴火飞燃、昼长人倦。但文人士大夫们往往寻求幽馆、芳林、寒泉，于悠游闲适、逍遥不羁中，品味别样的夏日风情。

在宋人画作《风檐展卷图》中，一间傍山临水、三面卸除“隔窗”的居室，环抱于长松湖石之间，室内卧榻边设置枕屏、挂画，榻前漆桌上放置书卷、瓶花，营造出文人理想的燕居之所。身着便服、手执羽扇、左臂凭几的文士似乎午睡刚起，神态悠闲。左方有仕女二人凭栏而立，右方两童仆手执茶具，趋步而来。宋人喜好“烧香点茶，挂画插花，四般闲事”，此幅小扇面反映了宋代文人品茶、挂画等闲适的避暑生活。

南宋佚名，《竹林拨阮图》，故宫博物院藏

荫浓夏日长

“六九五十四，乘凉入佛寺。”[1]这是南宋临安城流行的“九九歌”中的一句，说明时人有入佛寺避暑的习惯。其实，唐宋之时有很多寺庙宫观都是绝佳的避暑胜地，“观中修竹荫庭，赤日无暑”[2]，颇受时人追捧。

西湖是宋人避暑的上佳之地。《梦粱录》记载：“湖中画舫，俱舣堤边，纳凉避暑，恣眠柳影，饱挹荷香。”[3]人们将游船停泊在柳荫浓郁之处饮酒纳凉，敞着衣裳钓鱼，直到月亮升起时才回去；或者乘坐宽敞通风的大船，躺在竹席等纳凉的寝具上，时不时还在湖中冲个澡，好不惬意；更有一等富贵闲人会留宿湖心过夜，次日天明再离开。

南宋夏季流行使用竹床，吕夷简有诗歌咏“竹床瓦枕虚堂上”[4]，在宽敞清静的居室，安置一席清凉的竹床瓦枕，可消暑热。“竹夫人”也是消暑取凉的上好竹器，陆游有“床空

[1] ［明］田汝成：《西湖游览志余》卷二十五，浙江人民出版社，1980年。

[2] ［明］田汝成：《西湖游览志》卷十二，光绪钱塘丁氏嘉会堂重刊本。

[3] ［宋］吴自牧：《梦粱录》卷四《六月》，商务印书馆，1939年。

[4] ［宋］吕夷简《无题》，《全宋诗》卷二四四。

南宋马麟，《荷乡清夏图》，辽宁省博物馆藏

新聘竹夫人”[1]的诗句。“竹夫人”是用竹篾编成的中空圆柱形物，四周有竹编网眼，依据“穿堂风”的原理，可以取凉，古人用之休憩。

清凉的瓷枕也是夏日就寝的好选择。张耒曾有“巩人作枕坚且青，故人赠我消炎蒸”[2]之语。现藏于台北故宫博物院的定窑白瓷孩儿枕，釉色滋润莹泽，枕之清凉沁肤、醒脑爽神，是宋代夏令寝具的典型代表。除了瓷枕，如瓦枕、石枕、玉枕、彩陶枕、竹枕、漆木枕、草枕等，于盛夏枕之也有“消炎蒸”的功效。在南宋临安的市面上，还有生绢背心、苎布背心、凉伞、凉

❶［宋］陆游《初夏幽居》，陆游著、钱仲联校注：《剑南诗稿校注》卷六十六，上海古籍出版社，1985 年。

❷［宋］张耒《谢黄师是惠碧瓷枕》，《全宋诗》卷四九四。

鞋、凉簟等商品出售，这些都是宋人应对盛夏的消暑物品。

关于暑夏着装，宋人还有一则轶事值得一提。《四朝闻见录》记载，在伏暑天气里，身着正式朝服的丞相王淮会见百官，结果年老体弱的他竟然热昏倒了。之后，宋孝宗赶紧下诏书，准许官员们在夏季里穿着去掉长袖、两侧开衩、较为凉快的便服——“衩衣”见面[1]，这样的规定无疑更显人性化。

说到日常消暑，冰块无疑是夏季最直接有效的消暑降温用品。但受限于气候条件和当时的社会生产力，宋代的普通民众想在炎炎夏日享用冰块并不容易。北宋时，一般于冬至

[1] ［宋］叶绍翁：《四朝闻见录》卷一《大臣衩衣见百官》，四库全书本。

传五代周文矩，《倦绣图》（局部），床上竹夫人，大英博物馆藏

北宋定窑白瓷孩儿枕，台北故宫博物院藏

宋末元初钱选，《七贤图》（局部），穿衩衣的古人，台北故宫博物院藏

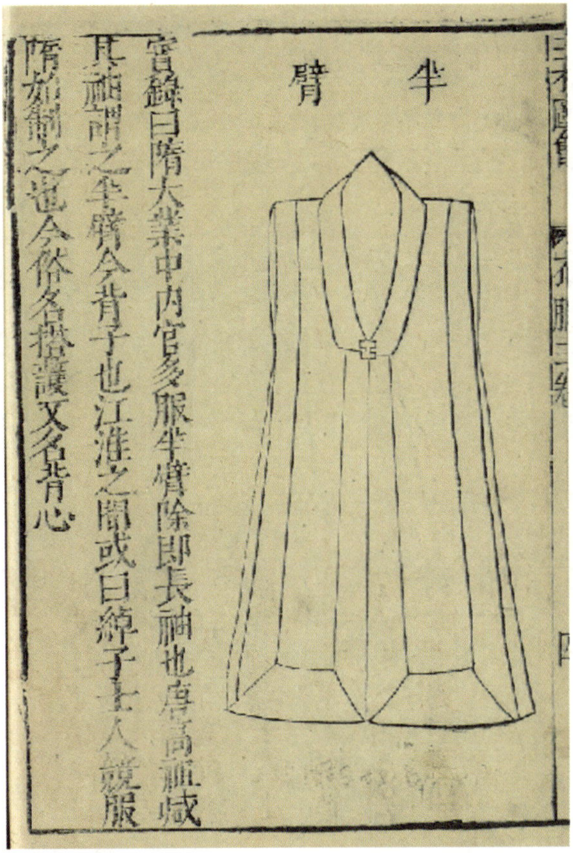

《半臂图[1]》（明王圻、王思义撰辑《三才图会》卷六十四《衣服三》，明万历三十七年原刊本）

之前在黄河中开采冰块。到了南宋，国土南北分界线基本稳定在秦岭—淮河一线，这恰好与我国冬季零度等温线基本重合。因此，在南宋境内出现“严寒”天气的概率是比较低的，这令冰块的采集变得困难。

在某些特别严寒的年份里，杭州的冬季也可以采集到厚达数寸的冰块，地方官员按照北宋时的窖藏方法，将冰块储存起来，第二年夏季再取出使用。但是，杭州大部分冬季里无冰可采，只好从更北的地方运冰。南宋名将韩世忠在镇守镇江时，曾经利用舟船运送冰块到杭州，为了防止冰块融化，这些运冰船在路上昼夜不停，直达储存冰块的所在地。

[1] 元代蒋正子《山房随笔》记载：“席上太守及诸公衹服褙子，文龙以绿袍居座末。坐定，供茶。文龙故以托子堕地，诸公戏以失礼。文龙曰：‘先生衩衣，学生落托。’众为一笑。”故而，半臂或即为宋人的衩衣。

南宋刘松年，《中兴四将图》（局部），左一为韩世忠，中国国家博物馆藏

北宋负责储藏冰块的机构名叫“冰井务”。南宋初，因为战乱，藏冰事务曾经一度中断，但不久就恢复了运作。他们将冰雪储藏在艮山门外的“雪窖”，或者嘉会门外的“雪窖库”。从“冰井”“雪窖”的称谓可知，冰块是被储藏在深井或地窖之中的，这样做可以防止或减缓冰块的融化。

暑夏来临前，开启窖藏冰块会有一番仪式。仪式完成后，冰块就正式进入到流通环节。这些冰块先要满足皇室的需求，然后才会按照相关规定赐予臣下。乾道五年（1169）夏季，宋孝宗赐冰学士院的诏书中说“自初伏日，赐学士冰一月”[1]，即从初伏日开始赐冰，持续时间为一个月。冰块的赏赐范围相对固定，“虽有颁冰论官职，官高职重冰则多”[2]，一般都是参知政事、御史大夫等重臣或各殿学士、编修史官等近臣得到的比较多。

皇族和大臣每年的用冰量相对固定，在经过计算并留出余量后，剩下的冰就可以卖掉了。杨万里曾在诗中生动地描

❶［清］徐松：《宋会要辑稿》礼六二之七四《赉赐二》，中华书局，1957年。

❷［宋］梅尧臣：《宛陵集》卷二十一《次韵和永叔石枕与笛竹簟》，四库全书本。

宋代佚名，《宫沼纳凉图》，案上白色瓷盆冰镇水果饮品，台北故宫博物院藏

述卖冰的情形："北人冰雪作生涯，冰雪一窖活一家。帝城六月日卓午，市人如炊汗如雨。卖冰一声隔水来，行人未吃心眼开。"[1]一些北方人夺天之功，在冬季置冰窖储藏冰雪，到了夏季开窖后，再卖给身在南方、深受酷暑折磨的杭州人。

宋人在酷暑时有食冰的习惯。孔武仲《食冰》诗云："冬冰冽冽虽可畏，夏冰皎皎人共喜。休论中使押金盘，荷叶裹来

[1]〔宋〕杨万里《荔枝歌》，杨万里撰，杨长孺编，罗茂良校：《诚斋集》卷十八《南海集》，宋端平元年刊本。

深宫里。”[1]这是说宫中食用的冰是由荷叶包裹，金盘递送的。史书中还记载了这样一件趣事，宋孝宗曾有几天请病假没上朝，礼部侍郎施师点关心地询问情况，孝宗回答说最近天热贪嘴食冰过多，忽然拉肚子了。

比起直接食冰，南宋人更喜欢利用冰雪来调配各种冷饮。《梦粱录》中有夏季贩卖“雪泡梅花酒”[2]的记载，所谓“雪泡”就是在饮品里加碎冰或积雪。当时流行的冷饮还有很多种，如“甘草冰雪凉水”“白醒凉水”等。孔平仲在诗中提到“浆寒饮一石，蜜液和岩桂”[3]，这是把冰水和蜂蜜、桂花调和在一起，不但能消暑止渴，口味也很好，所以诗人夸张地说能饮“一石”之多。当时杭州街头的大茶坊，多会组织乐队演奏《梅花引》等乐曲以招揽顾客，客人听着音乐喝着冷饮，实在是夏日消暑的好享受。

杭州还有富贵人家赠送“暑药冰水”[4]，这类冰饮有一定的食疗功效。其余如甘豆汤、姜蜜水、雪泡缩脾饮、香薷饮、紫苏饮等，功效也各有不同。“雪泡缩脾饮”是加冰雪的解暑消渴饮料，“香薷饮”的功效更广泛，凡饮食引起的病症几乎都适用。在高温炎热、传染病盛行的夏季里饮用这类冰饮，不

[1] [宋] 孔武仲《食冰》，《全宋诗》卷一四六。

[2] [宋] 吴自牧：《梦粱录》卷十六《茶肆》，商务印书馆，1939 年。

[3] [宋] 孔平仲：《清江三孔集》卷二十六《药名离合四时四首》，四库全书本。

[4] [宋] 西湖老人：《西湖老人繁胜录》。

明代佚名，《夏景货郎图》（局部），有“上林佳菜、玉壶冰水”市招和售卖冰水情形，故宫博物院藏

仅能生津解渴，也具有清热解暑、健脾益气等保健作用。

尽管没有空调、冰箱，但是热爱生活、极具巧思的宋人，多有避暑高招，各得赏心乐事。他们的夏日之趣依托于山水自然，遮阳纳凉取材于天地万物，他们把炎炎似火烧的盛夏过得有滋有味，充满乐趣。

四、画家眼中的深浓秋韵

在画家的眼中，秋之景致与意象是变幻多姿的。正如郭熙所说：“秋有初秋雨过、平远秋霁亦曰秋山雨霁、秋风雨霁、秋云下陇、秋烟出谷、秋风欲雨又曰西风欲雨、秋风细雨亦曰西风骤雨、秋晚烟岚、秋山晓意、秋山晚照、秋晚平远、远水澄

清、疏林秋晚、秋景林石、秋景松石、平远秋景，皆秋题也。”[1]

在宋人的画作里，秋季的山水可以辽远宏阔，如赵伯驹的《江山秋色图》，也可以小景清赏，如赵令穰的《秋塘图》。秋季既有雨过天晴的明净，如郭熙的《溪山秋霁图》，也有斜阳晚照的绚丽，如关仝的《秋山晚翠图》，还有《秋林群鹿图》《秋渚浴禽图》《秋塘蟹肥图》里描绘的鸟兽鱼虫，正是金秋丰足与安适的象征。

那些画作还定格了宋人丰富多彩的秋日活动。“秋则画以人物吹箫、玩月、采菱、浣纱、渔笛、捣帛、夜舂、登高、赏菊之类也。”[2]事实上，宋代画家忙碌的范围远超于此。巨然在“秋山问道”，李唐在“秋林观泉”，马和之在“月下听秋”……在他们的眼中，秋季的景致是如此可爱，秋天的情味是如此深浓。

秋之景致

赵伯驹的《江山秋色图》是南宋青绿山水画的杰作，在金灿灿的画卷里，瑰丽壮阔的秋日景象美得让人心旌摇荡。其用笔工致而洒落，赋色妍丽而雅致，渲染酣畅而有度，整幅画面繁而不乱、虚实相间，山河之宏大、气势之壮阔，尽收

[1] ［宋］郭熙：《林泉高致集·画题》，四库全书本。

[2] ［宋］韩拙：《山水纯全集·论人物、桥彴、关城、寺观、山居、舟车四时之景》，四库全书本。

南宋赵伯驹，《江山秋色图》，故宫博物院藏

眼底。

在画卷之上，重峦叠嶂奔腾起伏，飞瀑行云流溅缭绕，山下的河川里，碧水涟涟、轻舟荡漾。庙堂、楼阁、回廊、水榭、桥梁、栈道，错落有致地坐落于苍山碧水间。上至文人雅士、下至贩夫走卒，三五成群，或打柴放牧，或垂钓待渡，或郊游闲坐，给清冷的山水增添生活气息。整体画面的意趣，正如郭熙所说："山之人物以标道路，山之楼观以标胜概……水之津渡桥梁以足人事，水之渔艇钓竿以足人意。"[1]

深秋时节，徐徐展开《秋林飞瀑图》，那沉淀于古绢上的墨与色，是如此的浑厚凝重，摄人心魄。画中一峰高耸，山头与山脚丛林密布，有城楼、茅舍隐约其间；由远而近、曲折而下的山泉，将画面分割成疏密有致的左右两个空间，近景中有木桥连岸，与茅舍、山路融于一体。在山光水景中，经过霜染的丛树一片绯红，秋色如诗，令人陶醉。

范宽擅于描绘北方的大山水，他用水墨依明暗分层积染山石，以赭石、朱砂敷色草木，将这幅《秋林飞瀑图》中的秋林列岫、瀑布流泉勾勒得古雅瑰丽、凝练精到，展现出典型的宋画风采。

[1] ［宋］郭熙：《林泉高致集·山水训》，四库全书本。

传北宋范宽，《秋林飞瀑图》，台北故宫博物院藏

越过范宽的“秋林飞瀑”，可以将目光投向更为遥远的北国。在另一幅《秋林群鹿图》中，一群野鹿正嬉游、栖息于红枫与白桦交错的山林中。野鹿或立或卧，或隐于林内，或立

辽代佚名，《秋林群鹿图》，台北故宫博物院藏

于林际。一头健硕雄鹿，似觉惊警，正凝神静听着什么。画家用双钩技法绘鹿，再晕染其筋骨肌肤；丹黄相间的秋林，依树种分别填染深浅朱红、粉白、赭黄、螺青，斑斓色彩遍布满

辽代佚名，《丹枫呦鹿图》，台北故宫博物院藏

幅，极富装饰效果。

《秋林群鹿图》画风古意盎然、韵味独特，绘画技法与用色方式明显异于汉地。它与另一幅《丹枫呦鹿图》，不但风格

相同，尺寸也接近，应属同一组画作。郭若虚《图画见闻志》载："皇朝与大辽国驰礼，于今仅七十载。继好息民之美，旷古未有。庆历中，其主以五幅缣画《千角鹿图》为献，旁题年月日御画。上命张图于太清楼下，召近臣纵观。"[1]据此推断，《秋林群鹿图》与《丹枫呦鹿图》有可能是辽国进呈宋仁宗的五幅《千角鹿图》中的两幅，是辽代绘画的代表作。

从厚重的北方再转到秀润的江南，画僧巨然的《秋山问道图》中的秋色，另有一番韵味。高远幽深的秋日山景中，一峰高耸云霄，中部重峦叠嶂、两山合抱；一道溪水从山麓奔流而下，屈曲萦带，溪流较窄处架有木桥，曲径通幽；山麓溪畔的山林间有茅屋数间，主人、客人端坐于堂前，其景象之超尘脱俗、幽深静谧，令观者肃然，故有"秋山问道"之意。

画中的山水草木皆由润笔摹写而出，得江南山水真趣。画家用淡墨长线画山，山坡多用大披麻长条皴笔，这有别于北方山水画法，凸显出江南山水、草木蓊郁秀润的特点，具有明显的南宗文人山水画风。

[1] ［宋］郭若虚：《图画见闻志》卷六《千角鹿图》，四库全书本。

五代巨然，《秋山问道图》，台北故宫博物院藏

南宋马和之，《月色秋声图》，辽宁省博物馆藏

秋之情味

在潺潺的流水、幽幽的虫鸣声中，《月色秋声图》里的秋夜静静铺展开来，马和之截取一角小景特写，虎皮之上的高士临流独饮，幽思沉吟，一童子侍立在旁。在这个晴朗静谧的夜晚，月光悄然洒落，那株老树在秋风中轻轻摇曳，溪水流淌出舒缓澄澈的旋律，在悠然回望的一瞬，高士好似当年站在水边的孔夫子，感叹着“逝者如斯夫，不舍昼夜”。

画中人物、坡石、树木皆用马和之的“柳叶描”笔法，该画不仅在技法上独树一帜，意境亦是如此。画面左上方有赵孟頫行书李白五言诗：“白沙留月色，绿树助秋声。”[1]这

[1] ［唐］李白《题宛溪馆》，原文为“白沙留月色，绿竹助秋声。”参见《全唐诗》卷一百八十四，中华书局，1980年。

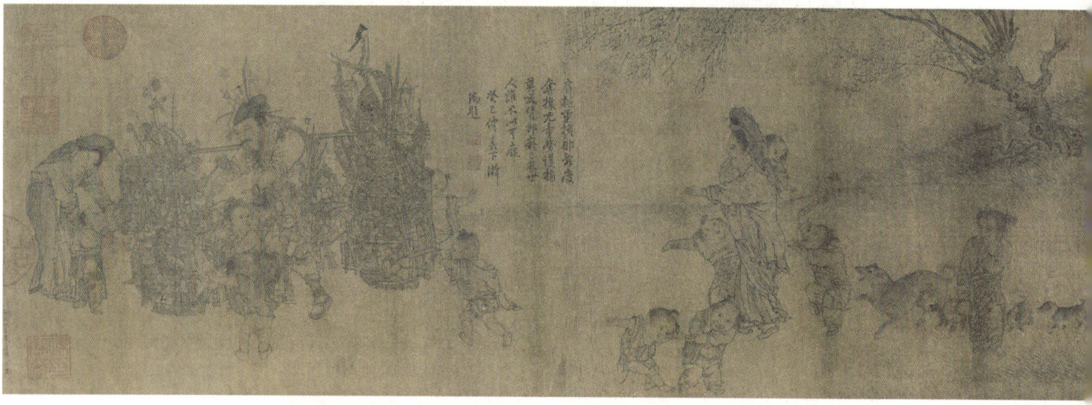

南宋李嵩，《货郎图》，故宫博物院藏

一完美的概括，平添几分诗情画意。绚丽多彩总是一时，宁静平淡才是生活的本真，光阴就在这一代代月色秋声中悄然流逝。

在一个天气晴好的秋日，小村边又传来熟悉的锣鼓声和货郎的吆喝声，原本僻静的乡村顿时沸腾了。展开李嵩的《货郎图》，仿佛还流泻着八百年前乡野生活的淳朴气息。孩子们雀跃着奔向村头，抱着婴童的妇女随后赶来，一条大狗带着几只憨态可掬、连走路都还不稳当的小狗，紧跟在热闹的人群后。

这一刻，依稀能听到孩子们的喧闹声、妇人们的欣喜声，还有狗儿的吠叫声。整个画面充溢着欢快活跃的气氛和浓郁的乡土气息，为观者呈现出古代乡间的百态众生。

宋代的农夫过着简朴的生活，他们居住的村庄里有田地、菜园，培育着水稻、小麦等作物以及葵韭、桃李等蔬果，饲养着鸡鸭猪羊等牲畜。在《耕获图》里，画家运用精到的笔墨，描绘了宋代农夫集体劳作的场面。在远山脚下有一片肥沃的土地，潺潺的溪流蜿蜒而过，将农田分隔为两片。金秋时节，也是大忙时节。一边的农夫正在收割麦子，另一边则忙着犁

传南宋杨威，《耕获图》，故宫博物院藏

田整地、种植晚稻。劳动者各司其职，有割麦者、堆垛者、舂麦者、扬场者、入仓者、磨面者；也有犁田者、耘田者、插秧者、踏水车者。画家于尺幅之间，将农人秋收的田园景象全景式地呈现出来。

“莫笑农家腊酒浑，丰年留客足鸡豚。”[1]对农家来说，在丰年里再养上猪和鸡，便是梦寐以求的好日子。每年立秋之后的第五个戊日，是祭神的“社日”。乡民们宰鸡杀猪，先是献祭给赐予他们粮食的土地神，然后在这个难得的农闲时节，享用祭肉、欢乐聚饮一场，这就是宋人念念不忘的“鸡豚社”。对此，陆游也心有同感：“兴发鸡豚社，心阑翰墨场。”[2]这样的场面令诗人生出归隐乡野之思。

在诗人的词句里、在画家的笔墨下，秋景是绚烂的、瑰丽的，也可以是萧瑟的、寂寥的。秋季的美可以有很多种，但在普通农家百姓眼中，丰收的秋季才是最美的。

❶［宋］陆游《游山西村》，陆游著、钱仲联校注：《剑南诗稿校注》卷一，上海古籍出版社，1985 年。

❷［宋］陆游《思归示儿辈》，陆游著、钱仲联校注：《剑南诗稿校注》卷五十三，上海古籍出版社，1985 年。

五、相逢幸遇秋时节

秋季丰收是宋人物质和精神生活的重要基石。只有丰收，人们才能在中秋节安心享用用酥和饴做馅儿的月饼，才能在重阳节时一边饮菊酒、一边赏菊展。也只有丰收，宋代百姓才有米粮金钱来拜月供神，参加各种“乞巧”活动，以祈福佑。

七夕乞巧

农历七月，又称“早秋”“首秋”，此时在节序上已经入秋。七月七日，又称“七夕”。七夕节大约形成于汉代，此后历代沿袭，及至宋代节俗内容已经十分丰富，节事之热烈达到历朝鼎盛。

宋代七夕又是晒书节，“皇朝故事，以七月七日为晒书节，三省六部以下，各赐缗钱开筵宴，为晒书会”[1]。七夕，一

[1] ［宋］陈元靓：《岁时广记》卷二十六《赐筵会》，中华书局，1985 年。

明代仇英，《乞巧图》，台北故宫博物院藏

般正值三伏后期，气候依旧炎热，家家户户忙着“晒伏”。汉代已有七夕晒书、晒衣的习俗，“曝经书及衣裳”[1]，以防止生虫。南宋王十朋有诗云：“我无腹中书可晒，亦不晒衣随俗辈。”[2]这当是诗人不愿随俗之举。

乞巧是宋人七夕的主要节俗活动。在热闹的集市有专门的乞巧市，“卖乞巧物，自七月初一日为始，车马喧阗”[3]。七夕当日，“儿童辈特地新妆，竞夸鲜丽”[4]。很多儿童还会手执新买的荷花，至今尚有不少宋代“执莲童子”玉雕传世，是当时七夕节俗的写照。

七夕当晚，节日气氛进入高潮。豪门富户在自家庭院内结彩楼，“贵家多结彩楼于庭，谓之‘乞巧楼’”[5]；民间则搭建“乞巧棚”，棚楼内刻着牛郎、织女及王母等仙人像，用以祭拜乞巧。祭祀时，人们在楼棚中铺陈针线、笔砚、花瓜等各类物品，焚香列拜，女郎呈巧，儿童裁诗，谓之“乞巧”。

❶［汉］崔寔：《四民月令》。

❷［宋］王十朋《七夕呈同官》，王十朋：《王十朋全集》，上海古籍出版社，1998年。

❸［宋］陈元靓：《岁时广记》卷二十六《赐筵会》，中华书局，1985年。

❹［宋］孟元老：《东京梦华录》卷八《七夕》，中华书局，1982年。

❺［宋］孟元老撰，邓之诚注：《东京梦华录注》卷八《七夕》，中华书局，1982年。

对于女子来说，当夜还有“大考”——穿针乞巧与蛛网乞巧。穿针乞巧又称望月穿针，需要手执针线，对月穿针引线。宋代宫廷流行穿“七孔针”风俗，宫中女子各用七孔针、五色线，在月光下连续穿过七孔者为“得巧”。蛛网乞巧是用金银小盒盛放小蜘蛛，次日清早查看蜘蛛在盒内结网是否“圆正”，来判断“得巧”与否。蜘蛛结网类似于女子织绣，蛛网的结构奇妙，富于美感，在古人看来是智慧与灵巧的象征。此外，已经开蒙读书的孩子还要乞聪明，“七夕，京师诸小儿各置笔砚纸墨于牵牛位前，书曰‘某乞聪明’”[1]。

七夕节祭祀、乞巧所用物品很多，以磨喝乐、水上浮、谷板、花瓜和种生最为常见，其中又以磨喝乐最具特色。磨喝乐又称“摩喉罗”，是一种“小塑土偶”，可能源于佛教文化或异域文化。《东京梦华录》载，磨喝乐“悉以雕木彩装栏座，或用红纱碧笼，或饰以金珠牙翠，有一对直数千者”[2]。一个小小的泥偶装饰得如此华美，往往价值“数千”钱，以至于东京城最繁华的商业街，如潘楼街东宋门外瓦子、州西梁门外瓦子、南朱雀门外街及马行街都有售卖，从贵家富户到庶民百姓，都对磨喝乐十分追捧。

[1] ［宋］陈元靓：《岁时广记》卷二十七《丐聪明》，中华书局，1985年。

[2] ［宋］孟元老撰，邓之诚注：《东京梦华录注》卷八《七夕》，中华书局，1982年。

北宋佚名，《乞巧图》，美国大都会艺术博物馆藏

宋代佚名，《拜月图》，
台北故宫博物院藏

中秋玩月

八月十五日，恰逢“三秋”过半，故称之为“中秋”。

大约在唐代方才将中秋定为节日，宋代中秋节开始盛行。中秋赏月是促成中秋节形成的重要因素，中秋月色倍明于常时，谓之“月夕”。此时金风送爽、玉露生凉、丹桂香飘、银蟾光满，无论是王孙公子，还是富家巨室“莫不登危楼，临轩玩月”[1]。故而，宋人的中秋活动多围绕“赏月”进行。

如北宋汴梁市民“争占酒楼玩月，丝篁鼎沸，近内庭居民，夜深遥闻笙竽之声，宛若云外，闾里儿童，连宵嬉戏”[2]，其热闹情形几近于今日的狂欢节。南宋临安这样人口过百万的大都会，随着市民阶层的壮大、市民精神的彰显，节日活动中的狂欢气质开始凸显。中秋当夜，临安居民会“酌酒高歌，以卜竟夕之欢”，哪怕是居于陋巷的贫民，也要“解衣市酒，勉强迎欢，不肯虚度”[3]。

月饼的雏形在北宋已经出现。苏轼有“小饼如嚼月，中有酥与饴”[4]的诗句。在《武林旧事》和《梦粱录》的记载中，“月饼”已经作为诸色点心之一，出现在宋人的中秋餐桌上。随着时鲜水果、鱼蟹、新酒的应节上市，中秋节的食品种

[1] ［宋］吴自牧：《梦粱录》卷四《中秋》，商务印书馆，1939 年。

[2] ［宋］孟元老：《东京梦华录》卷八《中秋》，中华书局，1982 年。

[3] ［宋］吴自牧：《梦粱录》卷四《中秋》，商务印书馆，1939 年。

[4] ［宋］苏轼《留别廉守》，苏轼撰，［清］王文诰辑注：《苏轼诗集》卷四十三，中华书局，1982 年。

南宋马远，《月下把杯图》，天津博物馆藏

类大大丰富，“中秋节前，诸店皆卖新酒，重新结络门面彩楼花头，画竿醉仙锦旆，市人争饮”[1]。

南宋时期，中秋团圆的节日内涵开始凸显。《武林旧事》记载，太上皇宋高宗与宋孝宗曾一同中秋赏月，高宗说：“今日中秋，天气甚清，夜间必有好月色，可少留看月了去。”[2]待到明月初上，箫韶齐举，缥缈相应，如在霄汉。宋孝宗亲自起身执玉杯，进奉高宗御酒，恭祝佳节。

这幅《月下把杯图》，一轮明月高挂碧霄，宴饮赏月的众人团圆欢聚、自然生动，园林山石苍润洒脱，画面设色清丽淡雅。右上方有杨皇后的楷书题诗：“相逢幸遇佳时节，月下花前且把杯。”在画幅对开处还有她另外一首题诗：“人能无着便无愁，万境相侵一笑休。岂但中秋堪宴赏，凉天佳月即中秋。”

[1]〔宋〕孟元老撰，邓之诚注：《东京梦华录注》卷八《中秋》，中华书局，1982年。

[2]〔宋〕周密：《武林旧事》卷七《乾淳奉亲》，中国商业出版社，1982年。

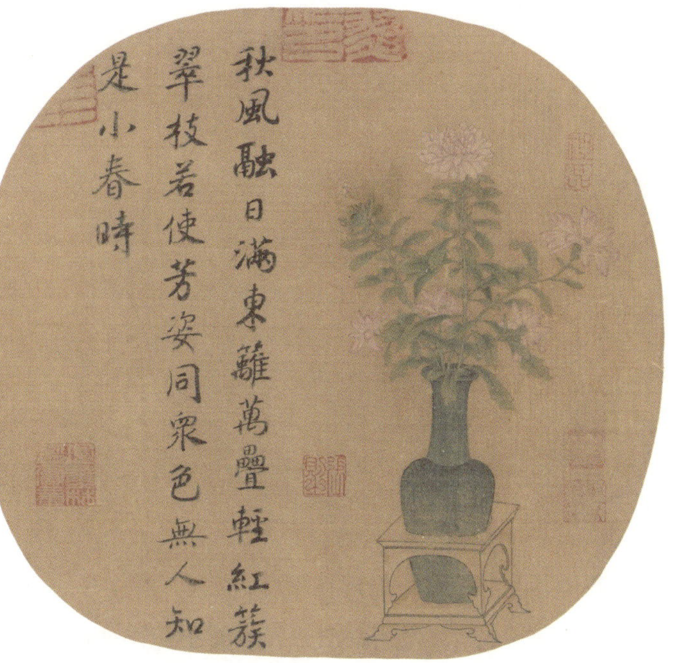

南宋佚名，《胆瓶秋卉图》，故宫博物院藏

重阳赏菊

古人认为，九为阳数。九月初九，两九相重为“重九”，两阳相重故为“重阳”。

战国时期，我国就有过重阳节的习俗。到了宋代，庆祝重阳节活动非常隆重，与菊花相关的活动尤其多，苏轼曾言“菊花开时乃重阳”[1]，可见菊花之于重阳的重要意义。

北宋汴梁重阳赏菊风行，如蕊若莲房的万龄菊、粉红色的桃花菊、白而檀心的木香菊、黄色而圆的金铃菊、纯白而大的喜容菊，都是流行的菊种。至南宋，临安城的菊花根据颜色、造型等分类，可供观赏者多达七八十种。集市、商铺和酒家皆以菊花点缀门面，各色“菊展”比比皆是，可谓是花团锦簇、万紫千红。

团扇《胆瓶秋卉图》是宋人绘写的菊花清供图式[2]。釉

[1]［宋］苏轼《江月五首并引》，苏轼撰，［清］王文诰辑注：《苏轼诗集》卷四十三，中华书局，1982 年。

[2] 清供图是以花草、蔬果和器皿等清供之物入画的绘画作品，大约源于汉末佛前的供莲插花，到宋代已成为较常见的绘画与装饰艺术。

色内敛的青瓷胆瓶立于方形托架中，瓶里三枝盛开的粉红色菊花亭亭玉立，瓶口处还有三朵较矮的小花作为衬枝，正是传统的三主枝插花构图。画上有题诗："秋风融日满东篱，万叠轻红簇翠枝。若使芳姿同众色，无人知是小春时。"

《梦粱录》记载："十月孟冬，正小春之时。盖因天气融和，百花间有开一二朵者，似乎初春之意思，故曰'小春'。"[1]这幅画描绘的应是杭州深秋初冬时节的菊花清供形象，借助此图可以想象在重阳佳节当日，南宋宫廷利用各色菊花来装饰殿堂居所，喜迎佳节的情景。

节日前一天，南宋宫廷有隆重的菊宴仪式上演。"禁中例于八日作重九排当，于庆瑞殿分列万菊，灿然眩眼，且点菊灯，略如元夕"[2]。庆瑞殿是南宋后期宫廷举行各种宴会、赏灯活动的殿阁，皇帝命人摆起万朵菊花，点亮千百菊灯，如此赏菊之宴令人目眩神迷，恍如电影《满城尽带黄金甲》那壮美的菊花台。

临安是宋代著名的艺菊中心。每遇重阳，除了宫廷的"菊花会"，市井间还要举办各种"赛菊会"。今天杭州的马塍路一带在当时是著名的"马塍花窠"，节前各家花主出奇异菊

❶［宋］吴自牧：《梦粱录》卷六《十月》，商务印书馆，1939年。

❷［宋］周密著，李小龙、赵锐评注：《武林旧事》卷三《重九》，中华书局，2007年。

宋代朱绍宗，《菊丛飞蝶图》，故宫博物院藏

花八十余种，谓之“斗花”。宋人还创造性地发展出“复色菊花”，刘蒙《菊谱》中有一枝花上开出深红、浅红两种颜色的“红二色”菊花；周师厚《洛阳花木记》中有“五色菊”，都颇具观赏价值。

宋代不仅菊花品种大量增加，宋人的栽培技术也不断提高，特别是掌握了高超的菊花嫁接繁育技术。苏轼《菊说》记载：“近时都下菊品至多，皆智者以他草接成，不复与时节相应。始八月，尽十月，菊不绝于市，亦可怪也。”[1]在当时的苏杭一带，人们选择数米高的黄花蒿，在其侧枝上分层嫁接不同花型、花色的菊花，从而形成各色菊花同时绽放、五彩缤纷的“塔菊”，《绣菊花廉》正是其写照。

除了看菊展、点菊灯，菊花与饮食也息息相关。宋人采摘菊花、茱萸浸酒，菊花清热明目有延寿之功，茱萸温中理气有辟邪之效，“故假此两物服之，以消阳九之厄”[2]，饮用此

[1] [宋] 苏轼《菊说》，苏轼撰、孔凡礼点校：《苏轼文集》卷七十三《杂记·草木饮食》，中华书局，1986年。

[2] [宋] 吴自牧：《梦粱录》卷五《九月（重九附）》，商务印书馆，1939年。

宋代佚名，《绣菊花廉》，台北故宫博物院藏

酒以消解疫病困厄。在宋代，饮菊茶已经较为普遍。一种是用菊苗的鲜嫩枝叶做茶，如史铸《甘菊》诗云："苗可代茶香自别。"[1]再就是取甘菊花瓣入茶煎煮，陆游有诗句"更煎土茗浮甘菊"[2]，这些都是饮菊茶的典范。

宋人还流行用菊花和米面制作主食。北宋王禹偁《甘菊冷淘》诗中记述一种面食的做法："采采忽盈把，洗去朝露痕。俸面新且细，溲牢如玉墪。随刀落银镂，煮投寒泉盆。杂此青青色，芳香敌兰荪。"[3]这种面食类似于今天的过水面条，只不过面是用含有甘菊汁的水和成。南宋林洪《山家清供》另有以菊花为原料的"金饭"，其做法是"采紫茎黄色正菊英，以甘草汤和盐少许焯过。候饭少熟，投之同煮"[4]，煮出的饭食呈金色，据说久食此饭，可以明目延年。

❶［宋］史铸：《百菊集谱》卷六《甘菊》，四库全书本。

❷［宋］陆游《冬夜与溥庵主说川食戏作》，陆游著、钱仲联校注：《剑南诗稿校注》卷十七，上海古籍出版社，1985 年。

❸［宋］王禹偁：《小畜集》卷五《甘菊冷淘》，四库全书本。

❹［宋］林洪：《山家清供》卷下《金饭》，中华书局，2013 年。

六、冬时节令风物与况味

节序如流几循环，天不长春又入冬。

"冬，终也，万物收藏也。"[5]在北风如刀、天地寒彻的冬季里，万物沉寂。正因为如此，人们才格外看重冬季的诸般节

❺［元］吴澄：《月令七十二候集解》，中华书局，1985 年。

令，于冷寂的天地间热闹地展演着人文风物，让这人世间充盈着烟火气和种种美好。

玄霜催授衣，开炉却新寒

授衣制度，古已有之。《诗经·七月》有云：“九月授衣。”[1]大儒朱熹解释说：“九月霜降始寒，而蚕绩之功亦成，故授人以衣，使御寒也。”[2]根据睡虎地秦墓出土的《秦律十八种·金布律》记载，秦人的授衣制度分为夏、冬两季，各授夏衣与冬衣，与今天的冬、夏季换装无异。

九月授衣，故此九月也称“授衣月”。在唐代，国子监的太学生每年“九月有授衣假”[3]，这是给学生回家准备冬衣的假期。根据学生离家的远近不同，假期长短也不相同。唐代官员也享受“授衣假”，李欣有诗云：“归来授衣假，莫使故园芜。”[4]

一般来说，农历十月天气才普遍转寒，算是真正的入冬。宋人觉得“九月授衣”时日偏早，于是改为“十月朔”，即十月初一日授冬衣，这天也成为法定假期，称为“授衣节”，自宰执以下的文武百官，宋廷都会赐予锦缎，名曰“授衣”。

按照官员的不同品级，赐予不同材质花色的锦缎。《宋

[1] 高亨注：《诗经今注》，上海古籍出版社，1980年。

[2] ［宋］朱熹：《诗经集传》卷三，世界书局，1936年。

[3] ［宋］欧阳修、宋祁：《新唐书》卷四十四《选举志上》，中华书局，2000年。

[4] ［唐］李欣《送裴腾》，《全唐诗》卷一百三十二，中华书局，1980年。

史·舆服志》记载，百官授衣可分为七等。最高档的锦缎名称很有意思，名为“天下乐晕锦”，其次为“次晕锦”“簇四盘雕细锦”“黄师子大锦”“翠毛细锦”“红锦”“宝照中锦”[1]。亲随近臣还有额外的“紫罗锦、旋襕、暖靴”赏赐，可谓待遇优厚。为了体现“授衣”的仪式感，百官上朝办公或日常起居，需要“衣锦袄三日”[2]，哪怕遇到天气回暖，也要穿着锦袄三日才行。

“授衣节”当日，宋人还有祭祀坟茔、烧送冥衣的习俗。这是从唐玄宗下令以九月初一日“荐衣于陵寝”[3]而来的，是生者替亡者授衣御寒。每年九月下旬，北宋汴梁城内外“即卖冥衣、靴鞋、席帽、衣缎，以十月朔日烧献故也”[4]。在南宋临安，当日的都城百姓也是“出郊拜墓，用绵球、楮衣之类”[5]，如同清明节一样祭祀祖先、献烧寒衣，因此授衣节也称“寒衣节”。

十月初一日，最热闹的习俗当属宋人的“暖炉会”。从此日开始，宫中御炉每日开炉设火，到来年二月初一日，方才终止，亦如今天北方冬季的供暖季。各部司衙门也在此日设火，如果遇到岁寒之年，结束时间还会延长五日。在民间，开炉当日亲友之间会互赠薪炭、缣绵及酒肉，新出嫁的女儿还要附

[1] ［元］脱脱等：《宋史》卷一百五十三《舆服五》，中华书局，2000年。

[2] ［宋］吴自牧：《梦粱录》卷六《十月》，商务印书馆，1939年。

[3] ［宋］宋敏求：《唐大诏令集》卷七十七《典礼·陵寝下·九月一日荐衣陵寝制》，四库全书本。

[4] ［宋］孟元老撰，邓之诚注：《东京梦华录注》卷八《重阳》，中华书局，1982年。

[5] ［宋］周密著，李小龙、赵锐评注：《武林旧事》卷三《开炉》，中华书局，2007年。

传北宋郭熙，《寒山雪霁图》（局部），美国圣路易斯艺术博物馆藏

送火炉。由于开炉习俗在宋代影响很大，因此，十月初一日又称“开炉节”。

对宋人而言，除了开炉取暖的仪式感外，更看重开炉节的宴饮娱乐。这一天，皇后殿有宴会“排当”，宴会现场很是热闹：“开炉佳节乍寒朝，近侍班联衣锦朝。兽炭香新金鸭暖，珠帘龙幕按箫韶。”[1]民间百姓也有置酒聚饮的节日习俗，是为“暖炉会”。富贵人家皆“新装暖阁，低垂绣幕。老稚团圞，浅斟低唱”[2]，以应开炉节序。

聚会宴饮自然离不开美酒。此日，人们所饮之酒称为“开炉酒”，程垓《鹧鸪天》便有“只因贪伴开炉酒”[3]的词句。《梦粱录》中还有“开炉饼”[4]，这是开炉日食用的一种应节“专用”饼。冬季来临时，人们开炉置火，老少团聚，酒肉饮宴，实属人生乐事。

❶［宋］周彦质《宫词》其八十一。

❷［宋］吴自牧：《梦粱录》卷六《十月》，商务印书馆，1939 年。

❸［宋］程垓《鹧鸪天·木落江空又一秋》，程垓：《书舟词》，四库全书本。

❹［宋］吴自牧：《梦粱录》卷十六《荤素从食店（诸色点心事件附）》，商务印书馆，1939 年。

赤道式日晷，作者摄于南京北极阁

“十月今朝又初一，丛林正值开炉日”[1]。宋代开炉习俗的影响力遍及僧俗两界，范成大有诗云：“石湖今日开炉，俗家恰似精庐。”[2]开炉当日，佛寺要开启寮房暖炉，主持上堂说法，并作斋会。与此同时，佛家也有其世俗的一面，临安城内诸多大刹寺院，会在开炉日设“开炉斋”，以供礼佛信众食用。

尽管只有一日，但宋人授衣御寒、开炉宴饮与祭祀祖先、献烧寒衣，并行不悖，使得十月朔日成了一个热热闹闹的全民性节日。

阳生春又来，冬至大如年

如果说“十月朔”是冬季节令的肇端，那么“冬至”则是其高峰。

数千年前，古代先民应用“圭表”，于正午时分观测到了日影最长的一天，从而最早确定二十四节气中的冬至。这一天，太阳刚好直射南回归线，北半球则迎来了全年中白昼最短、夜晚最长的日子。此时千里冰封、万物蛰藏，古人认为此日“终藏之气，至此而极也”[3]。

[1] [宋] 释慧远：《偈颂一百零二首》。

[2] [宋] 范成大：《石湖居士诗集》卷二十五《乙巳十月朔开炉三首·其三》，上海涵芬楼藏爱汝堂刊本。

[3] 吴澄：《月令七十二候集解》，中华书局，1985年。

也是从冬至开始，白昼一天天变长，阳气逐渐回升，故而又有“阴极而阳生”之说。“冬至三候”的物候变化就反映了这一特点。第一候“蚯蚓结”，此时阴气仍盛，休眠的蚯蚓仍盘曲如绳结。第二候“麋角解”，古人认为麋鹿属阴，冬至后阳气复生，麋鹿感阴气渐退而解角。第三候“水泉动”，冰面之下的泉水感应到阳气之温热，潜流始动。

由此可见，冬至是反映冬季物候变化的重要指标，是阴阳循环转化的关键节点。所以，杜甫才会在诗中说“冬至阳生春又来”[1]，冬至也被古人视作一个吉日。

在岁历中，古人曾规定冬至前一天为“岁终”，冬至为“开元”之日，相当于今天的春节。陆游《老学庵笔记》中说：“唐人冬至前一日，亦谓之‘除夜’。”[2]后来，冬至的“开元”地位让给了春节，但冬至一直被人们称为“亚岁”，是二十四节气中极重要的节气。

在汉代，冬至已经成为“冬节”。君王不听政，朝廷休假举行祭天祀祖等隆重的礼仪活动。帝王们往往会亲自祭祀天地、社稷和宗庙，祈求上苍和祖先护佑。唐代的祭祀仪式结束后，皇帝还要举行最高规格的大朝会，四夷万邦与文武百官

[1] ［唐］杜甫《小至》，《全唐诗》卷二百三十一，中华书局，1980年。

[2] ［宋］陆游：《老学庵笔记》卷八。

共同见证“九天阊阖开宫殿，万国衣冠拜冕旒”[1]的盛况。

冬至之所以有这样尊崇的地位，是因为它契合了中国传统天人合一思想中对天地运行、阴阳消长的理解，以及受此影响的儒家礼治设定。因此，冬至不仅作为唐代官方认可且极为重视的岁时节日，被写入行政法典《唐六典》，其独有的礼法仪式，还被记录在礼典《开元礼》中。

宋人过冬至的热情，甚至要超过春节。当时就流行“肥冬瘦年”[2]之说，人们宁愿穷着过年，也要把冬至节庆办得体面。《东京梦华录》记载：“十一月冬至，京师最重此节。虽至贫者，一年之间，积累假借，至此日更易新衣，备办饮食，享祀先祖。”[3]官方还允许在固定时段里，进行以商品为彩头的博戏，人们相互走动庆贺，与新年无异。

南宋临安的市民，最为看重冬至的“一阳贺冬”[4]。当日晨鸡啼鸣时，太史局的伎术官会观察天空中的云气，“以卜休祥”[5]。城内家家车马均装饰一新，妇女儿童皆服饰华美，有到岳祠、城隍庙进香的，有往来于街衢馈送节礼的。由于大家互相赠礼频繁，以至于出现礼物跑了一圈又回到自家的趣事。朱熹的好友颜度便写过一首打油诗：“至节家家讲物仪，迎来

❶［唐］王维《和贾至舍人早朝大明宫之作》，《全唐诗》卷一百二十八，中华书局，1980 年。

❷［宋］金盈之：《醉翁谈录》卷四《十一月》。

❸［宋］孟元老撰，邓之诚注：《东京梦华录注》卷十《冬至》，中华书局，1982 年。

❹［宋］周密著，李小龙、赵锐评注：《武林旧事》卷三《冬至》，中华书局，2007 年。

❺［宋］吴自牧：《梦粱录》卷六《十一月冬至》，商务印书馆，1939 年。

送去费心机。脚钱尽处浑闲事，原物多时却再归。”[1]

冬至吃“馄饨”的习俗，由来已久。北齐的颜之推曾说：“今之馄饨，形如偃月，天下通食者也。”[2]在古人看来，吃馄饨有“破阴释阳”的寓意。因此，即使是穷人家，每逢冬至也要吃碗馄饨。南宋临安冬至吃馄饨的习俗甚为别致：“贵家求奇，一器凡十余色，谓之‘百味馄饨’。”[3]富贵人家为求新奇，会做上十余种不同口味的馄饨，放到一个盛食器皿内，再取个“土豪”的名字——百味馄饨。

作为节日，冬至大如年，人们赠节礼、吃馄饨，感受着节日的快乐；作为节气，冬至阳气生，阴阳的下一个循环就要开启，在这一阳初动之时，人们衷心祈愿未来的美好生活。

蜡祭酬神祖，佛粥更相馈

农历十二月，称为腊月。十二月初八，又称“腊八”。那么，关于这个“腊”字，其含义又该作何解释呢？

《礼记·郊特牲》载：“腊也者，索也。岁十二月，合聚万物而索飨之也。”[4]其大意是说，用所收获的物品，敬飨于年终的祭祀仪式上，以酬谢祖先和神灵赐予的丰饶。汉魏以来，

❶［宋］颜度《冬至》，《全宋诗》卷四百三十九。

❷［唐］段公路：《北户录》卷二《食目》，四库全书本。

❸［宋］周密著，李小龙、赵锐评注：《武林旧事》卷三《冬至》，中华书局，2007年。

❹［清］孙希旦：《礼记集解》卷二十五《郊特牲第十一之一》，中华书局，1989年。

随着佛教的传入，腊八祭神祀祖的色彩逐渐淡化，转而呈现出纪念佛祖成道的新内涵。

佛祖释迦牟尼因见众生为“八苦”煎迫，毅然舍弃王位，思悟解脱众生之法，在苦行六年后，于腊月八日独坐菩提树下，夜睹启明星而悟道成佛。于是，腊八便成了佛祖成道纪念日。在未成道前的苦行中，释迦牟尼每日仅食一米一麻。佛教徒们为了不忘佛祖苦行，便效法“牧女献糜”于佛陀，在腊八日取香谷、果实等煮粥供佛。正如《敕修百丈清规》记载：“腊月八日，恭遇本师释迦如来大和尚成道之辰，率比丘众，严备香花灯烛茶果珍羞，以伸供养。”[1]

关于腊八粥的较早记载，见于《东京梦华录》。腊八当日，北宋汴梁城中“诸大寺作浴佛会，并送七宝五味粥与门徒，谓之‘腊八粥’”[2]。除了分送教徒，佛寺还将腊八粥散发给信众和穷苦百姓，称为“佛粥”，陆游有诗云：“今朝佛粥更相馈，更觉江村节物新。”[3]

“都人是日各家亦以果子杂料，煮粥而食也。”[4]宋人食用腊八粥的风气，也从寺院蔓延到民间。宋人王洋有诗云：“腊月八日梁宋俗，家家相传侑僧粥。栗桃枣柿杂甘香，菱椇芝栭俱

[1] [元] 释德辉：《敕修百丈清规》卷二《佛成道涅槃》。

[2] [宋] 孟元老撰，邓之诚注：《东京梦华录注》卷十《十二月》，中华书局，1982 年。

[3] [宋] 陆游《十二月八日步至西村》，陆游著、钱仲联校注：《剑南诗稿校注》卷二十六，上海古籍出版社，1985 年。

[4] [宋] 孟元老撰，邓之诚注：《东京梦华录注》卷十《十二月》，中华书局，1982 年。

南宋梁楷，《出山释迦图》，
日本东京国立博物馆藏

不录。”[1]这碗粥中有栗子、核桃、红枣、柿饼，以及菱、拐枣、灵芝、木耳等，不少是甜味果品，应是甜口的腊八粥。

除了食腊八粥，腊八节还有其他习俗。宋代帝王会要求御药院根据和剂局药方特制“腊药”[2]，赐予高官显宦，这些腊药多用重量不等的银盒盛放。腊药与夏药相对，都是根据季节变化特制的“时药”。北宋梅尧臣《题腊药》诗云：“颓颜早觉衰，乃藉药扶持。及此季冬日，预修来岁宜。”[3]从诗意分析，宋代的腊药可能与唐人的面药、口脂类似，能在干燥寒冷的冬季保护唇面肌肤不受皲裂之苦。受此影响，宋代医家也多配制虎头丹、八神屠苏等腊药，贮以绛囊，馈赠亲友。

腊酒盈樽，金炉炭暖。冬与春的交替已经开始，春的序曲即将奏响。在欢乐融融的冬时节令气氛里，旧的一年即将结束，人们期待着杨柳春风里，新年快快到来。

[1] ［宋］王洋：《东牟集》卷二《腊八日书斋早起，南邻方智善送粥，方雪寒欣然尽之，因成小诗》，四库全书本。

[2] ［宋］周密著，李小龙、赵锐评注：《武林旧事》卷三《岁晚节物》，中华书局，2007年。

[3] ［宋］梅尧臣：《宛陵先生集》卷十二《题腊药》，四库全书本。

七、螓首上的岁时风景

头饰作为古代女性细腻情感的载体，悄无声息地传递着每个女子的婉转心事和美好情愫。宋代灵慧的女子还顺应岁时变迁，创造出一套与节令相呼应的“插戴法则”，在螓首之上展现出一道道精雅的岁时风景。那凝固的一花一叶、一鸳一蝶，巧妙地融合了她们对生活的热爱与憧憬，也铭刻下在光阴里的过往与感动。

妆罢立春风

“立春”意味着新的轮回，自此万物复始、万象更新。这一天，久困深闺的古代女性会着意装扮一番，参加热闹的立春庆典；至于男子，除了要“持春杖、打春牛”，还可以欣赏窈窕淑女。在《汉宫春·立春日》词中，辛弃疾写道：“春已归来，看美人头上，袅袅春幡。”[1]美丽的女子头戴迎春的小幡，在薰梅染柳的东风里婷婷袅袅、款步而来，春的气息一下子明媚起来。

春幡源于立春日挂幡，宋人将“春幡春胜各相献遗于贵

[1] [宋] 辛弃疾《汉宫春·立春日》，唐圭璋编：《全宋词》，中华书局，1965 年。

清代黄钺，《京辇春熙》册之《春幡剪彩》，台北故宫博物院藏

家宅舍，示丰稔之兆”[1]，借此祈求丰年。插在各家门前的春幡也成为女子应节的头饰，心灵手巧的她们用彩绢、彩纸剪成小幡，插于鬓发间，与金钗、翠钿共同构成“头上春景”。

女词人朱淑真也会在立春日着意打扮自己。“春幡碧胜缕金文”[2]，为了迎接春日到来，这个开心的女子像个小女孩一样，在头上插着带有金色纹饰的春幡春胜。春光唤醒了女性的爱美之心，而她们又装扮了春光，让人为之沉醉。

诗中的“春胜”，也是“人日”重要的应节饰品。相传正月初七是女娲造人之日，是为“人日”。《荆楚岁时记》记载，当日人们“剪彩为人，或镂金箔为人，以贴屏风，亦戴之头鬓”[3]，用彩纸、金箔等剪成人形或花鸟形，贴在屏风上或者戴在头鬓处，除了表达改旧换新之意，还可以装点女性容色。

裁剪“春胜”是女子展现心灵手巧的好时机。“遥知双彩胜，并在一金钗。”[4]其实，剪成彩胜、戴上头饰，才是人日女性的“高光时刻”。

在人日的宴席上，一位多情的少女走入词人贺铸的词中。

❶［宋］吴自牧：《梦粱录》卷一《正月·立春》，商务印书馆，1939 年。

❷［宋］朱淑真：《断肠集·立春日妆成宜春花》。

❸［南朝梁］宗懔撰、宋金龙校注：《荆楚岁时记》，山西人民出版社，1987 年。

❹［唐］张继《人日代客子是日立春》，《全唐诗》卷二百四十二，中华书局，1980 年。

南宋刘松年，《天女献花图》（局部），鬓戴华胜的天女，台北故宫博物院藏

"巧剪合欢罗胜子，钗头春意翩翩"[1]，姑娘用罗帛裁剪出精巧的"合欢胜"，系在钗头上，带来翩翩的春意。她歌唱、微笑，浅浅而拜，奉上一杯酒，"愿郎宜此酒，行乐驻华年"。词中的"合欢胜"是由两个菱形交叠而成，象征着同心相连，它既是女子美好的头饰，也是情人互赠的嘉礼。

精巧美丽的头饰和妆容，衬托出女性的美貌，展现着她们的自信。到了元宵节，在踏出闺房，出门游玩之前，女子们都要盛集"宝钗、金钏"，簪戴"闹蛾、雪柳"。在宋代，闹蛾斜插是女性元宵观灯游赏的必备头饰。蛾儿形似蝴蝶，常在夜间活动，且有趋光性，"闹蛾"就是取蛾儿戏火之意，这与元宵赏灯的节日气氛正相呼应。"闹蛾"常以丝绸、乌金纸等剪裁成型，再勾画出蛾须、翅膀等细节，最后用朱粉点染。恰如宋词所云："闹蛾儿、满城都是。向深闺，争剪碎、吴绫蜀绮。点妆成，分明是、粉须香翅。"[2]

1 [宋] 贺铸《雁后归·临江仙·人日席上作》，唐圭璋编：《全宋词》，中华书局，1965年。

2 [宋] 史浩《粉蝶儿·元宵》，唐圭璋编：《全宋词》，中华书局，1965年。

南宋李嵩，《观灯图》（局部），台北故宫博物院藏

在李清照记忆里的元宵节，总有酒朋诗侣相呼为伴，出门前她必定要戴好“铺翠冠儿”，拈一枝精心制作的“捻金雪柳”插在鬓边，装扮齐整后，才尽情地投入到节日里。也是

明代吴彬，《岁华纪胜图》册之《元夜》，画中巨大且华丽的灯山引来众人观赏，台北故宫博物院藏

在某个“东风夜放花千树”[1]的元宵节，辛弃疾被一位头戴“蛾儿雪柳黄金缕”的盛装丽人所吸引，以至于在那个凤箫声动、玉壶光转的梦幻之夜，苦苦寻觅她千百度。

❶ ［宋］辛弃疾《青玉案·元夕》，唐圭璋编：《全宋词》，中华书局，1965 年。

在解除宵禁的上元夜，女子们获得了暂时的自由，可以尽情地绽放自己。那些以绢花装簇、金线捻丝的“雪柳”枝，插在她们的发髻上，当微风袭来或是莲步轻移时，“雪柳”旁的“闹蛾”微微颤动，像是围着花朵在飞舞，如此引人入胜，一直让词人们念念不忘。

朱符伴鬓云

农历五月已近盛暑，由于毒虫滋生、疫病侵扰，在古代形成了驱毒祛病之俗，尤以端午为最。

在这一天，妇女除了忙着用艾叶插门以禳毒，给小儿挂符以辟邪，饮雄黄酒以驱虫外，也会仔细装扮自己。已婚未育的女子还会穿戴上“宜男”饰物，借以求子。《醉蓬莱·端午》就描绘了这一场景：“艾虎宜男，朱符辟恶，好储祥纳吉。金凤钗头，应时戴了，千般忔戏。”[2]女子将宜男的艾虎、辟恶的朱符缀在钗头，在驱疫之余还盼望能生个男孩儿。

❷ ［宋］赵长卿《醉蓬莱·端午》，唐圭璋编：《全宋词》，中华书局，1965 年。

元代佚名，《天中佳景图》，图中为端午节物，花枝上悬有艾虎等形象，台北故宫博物院藏

“衫裁艾虎，更钗袅朱符，臂缠红缕。扑粉香绵，唤风绫扇小窗午。”[1]在扬无咎的笔下，“绘出”一幅佳人的端午节装扮：她头戴艾虎朱符，臂缠五彩丝线，手执唤风绫扇。盛夏刚开始，女子或许正苦恼接下来的暑日里，自己该怎样佩戴头

[1] ［宋］扬无咎《齐天乐·端午》，唐圭璋编：《全宋词》，中华书局，1965 年。

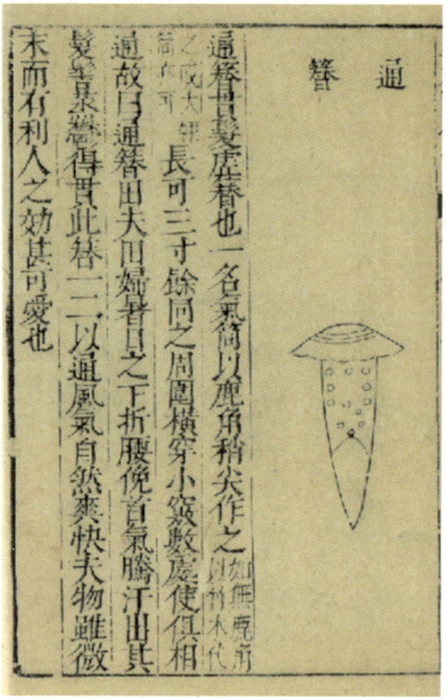
通簪

通簪，貫髮處簪也。一名氣筒，以鹿角稍尖作之（如無鹿角，以竹木代之，或大銀筒亦可）。長可三寸餘，同之周圍橫穿小竅數處，使俱相通，故曰通簪。田夫田婦暑日之下，折腰俛首，氣騰汗出，其髮蒸鬱，得貫此簪一二，以通風氣，自然爽快。夫物雖微末，而有利人之効，甚可愛也。

《通簪图》（明王圻、王思义撰辑《三才图会》卷六十四《衣服三》，明万历三十七年原刊本）

饰才能既美观又清爽。

相传，秦始皇曾命妃子暑天戴“芙蓉冠子”。这种头冠可能是以碧罗制成的荷叶，呈舒卷之状，再以五色通草为花朵，使人在夏日感受到簪荷之趣。无独有偶，隋炀帝也曾令宫人制“通天百叶冠子”。暑日里的女子戴上这种装饰着花钿、翠羽的冠子，再配上紫罗帔带，就好像翩翩若飞的仙子。在南唐周文矩的《荷亭弈钓仕女图》中，也展示了贵族女子们各色轻盈通透的女式夏冠，隔着薄薄的冠纱甚至能看清楚梳好的发髻，想必是极为透气清爽的。宋画《却坐图》里有一位头戴冠子的仕女，其冠由片片碧玉雕成花瓣状，花瓣饰以金边，然后连缀成千叶莲花形，这大约就是“芙蓉碧玉冠”。明代唐寅《王蜀宫妓图》中，也有一位妙龄女郎戴着莲花小冠，冠外配以一圈花箍，样子甚是别致。

夏日农作，劳动女性还会戴避暑的“通簪”。这是一种

五代周文矩，《荷亭弈钓仕女图》，台北故宫博物院藏

“贯发虚簪”[1]，它取材于竹木，长三寸余，中间为畅通的气筒，筒壁有若干小孔，簪首可略加雕镂装饰。暑日之下，女子要挽发劳作，将其插于发鬓可以使空气在发内流通，既别致美观又解暑降温。

[1] ［元］王祯：《农书》卷十五《农器图谱七·通簪》，四库全书本。

宋代佚名，《却坐图》（局部），帝王右侧为头戴碧玉冠的宫廷女性，台北故宫博物院藏

明代唐寅，《王蜀宫妓图》（局部），故宫博物院藏

秋光插满头

如果现代人穿越回到宋代，站在南宋临安的城头，看到清晨的都城内外“满街叫卖楸叶”[1]，女子和孩童争相购买，不要奇怪，这是立秋节气到了。宋人簪戴楸叶，源于“楸”字从“秋”，以取秋意。当然，头上顶着几片树叶并不美观，心灵手巧的女子将楸叶买回家，“剪如花样，插于鬓边，以应时序”。

待到秋色深浓时，若是见到都城百姓举家登高宴饮，酒杯里泛着紫色茱萸，头鬓上插着金黄菊花，那一定是重阳节到了。在传统文化中，菊花被赋予吉祥、长寿的含义，因此又名“延寿客”，为重阳节所簪之花。登高的女性们自然也要在鬓云间簪上一朵淡雅的黄菊，就如宋词所云：“西风暗度钗梁玉。手香记得人簪菊。人簪菊。无穷幽韵，细看不足。”[2]

农村女子的装饰不似都市女性那般浮华，她们会根据自身特点和环境变化，别出心裁地将田间作物插戴在发上，另有一番韵味。陆游亲见秋收的年轻女子，将麦穗簪于发髻，有诗云“陌上行歌忘恶岁，小妇红妆穗簪髻”[3]，这种顺应时令、随手攀折插戴的装扮，格外具有乡野情趣。

[1] ［宋］吴自牧：《梦粱录》卷四《七月（立秋附）》，商务印书馆，1939年。

[2] ［宋］沈端节《忆秦娥·凭阑独》，唐圭璋编：《全宋词》，中华书局，1965年。

[3] ［宋］陆游著、钱仲联校注：《剑南诗稿校注》卷十九《荞麦初熟刈者满野喜而有作》，上海古籍出版社，1985年。

明代佚名，《卖花图》册页，美国大都会艺术博物馆藏

在女性的身体里，似乎藏着对花儿天然亲近的基因。鲜花是大自然赐给她们最美、最自然的装饰物。在临安城的街头巷陌，有专门售卖鲜花的“小经济”，他们“沿街市吟叫扑卖”四时鲜花以及“像生四时小枝花朵”[1]，陆游寓居杭州孩儿巷时即有诗云：“小楼一夜听春雨，深巷明朝卖杏花。”[2]

秋季的临安流行插戴茉莉、兰花、木樨和秋茶花，爱美的女子闻听“小经济”的吟叫声，自然要选上几枝。李清照在《减字木兰花》中说：“卖花担上，买得一枝春欲放。”[3]花儿实在是美丽，她怕丈夫看到后认为自己的容颜不如花，

[1] [宋] 吴自牧：《梦粱录》卷十三《诸色杂买》，商务印书馆，1939 年。

[2] [宋] 陆游《临安春雨初霁》，陆游著、钱仲联校注：《剑南诗稿校注》卷十七，上海古籍出版社，1985 年。

[3] [宋] 李清照《减字木兰花》，唐圭璋编：《全宋词》，中华书局，1965 年。

宋代佚名，《宋仁宗后坐像》，台北故宫博物院藏

可心念一转，她偏要将花儿“云鬓斜簪”，让自己的郎君“比并看”。

花冠是宋代最为流行的女子冠饰，其中，又以“一年景”最为有名。宋画《宋仁宗后坐像》中的两位侍女，均头戴幞头形状的花冠，冠前缀着珠翠圆花，冠上插满绢制仿生花，包括桃花、牡丹、菊花、山茶等四时花朵。陆游《老学庵笔记》记载，北宋汴梁女性的首饰“皆备四时”，其中“花则桃、杏、荷花、菊花、梅花，皆并为一景，谓之一年景”[1]，这是以一顶花冠集中展示了四季菁华。

[1] [宋] 陆游：《老学庵笔记》卷二，四库全书本。

钗寒又一年

寒冬气凛，万物蛰藏。女性们各式精美的钗钿多数要闲置妆台，但也有个别具有传奇色彩的首饰依然耀目。

五代和凝《宫词》诗云：“怪得宫中无兽炭，步摇钗是辟寒金。”[1]这是说当时宫苑女子在冬季里簪戴的步摇钗，是用传说中能驱寒的“辟寒金”制成，以至于宫中连炭火都不用烧。《李师师外传》也记载：“宣和二年，帝……即日赐师师辟寒金钿……”[2]

那么，辟寒金到底为何许物，真有辟寒的功效吗？《岁时广记》记载，魏明帝时有昆明国献“嗽金鸟”，这种鸟形如雀、毛色黄，不畏寒冷，以真珠、兔脑为食，常吐出粟米大小的金屑，宫中女子争相以之为钗钿，并说：“不服辟寒钿，那得帝王怜？”[3]从这一记载看，辟寒金的来历与传说无异，能否辟寒非常值得商榷。和凝等人身为词臣，这种说法应是一种夸张与美化。

不过借助和凝的百首《宫词》，读者仿佛还能看到那些隐匿在宫苑深处美丽女子的身影。她们或是金盆洗纤手，或是眉中分晓黛，哪怕是“蹙金蝉”簪子掉下来也无所谓。因

[1] ［五代］和凝《宫词百首》之十二，《全唐诗》卷七百三十五，中华书局，1980 年。

[2] ［清］张廷华：《香艳丛书》卷八《今列女传附录·李师师外传》。

[3] ［宋］陈元靓：《岁时广记》卷四《冬·辟寒金》，四库全书本。

南宋陈居中，《王建宫词图》，台北故宫博物院藏

为，那些芙蓉冠子、碾玉蜻蜓连同她们自己，都被深锁在重重高墙内。从春到冬，她们只是随着时光流转，无望地装扮自己，却不知到底能博得君王几回眷顾。

对于普通女子而言，冬季还可以选择木春花、梅花、瑞香、兰花、水仙花和蜡梅花来插戴。但是，花卉生长缓慢，鲜花市场供不应求，为此，临安马塍花农创造性地发展出“堂花法”。他们建造半地窖、半密室性质的温室，堆上粪土牛尿，掺入硫黄，然后灌注热水使之产生热量，提高室温，如此“盎然盛春融淑之气，经宿则花放矣”[1]。这种人为制造的小气候环境，可以加速花卉开放甚至实现花卉反季节生长，被当时人誉为“侔造化、通仙灵”的高科技，可谓是簪花女性的福音。

关于女子簪花，洪迈《夷坚志》记载了另一则故事。台州营妓严蕊被朱熹下狱，施以“酷刑”[2]，只因赏识她的官员

[1] [宋] 周密：《齐东野语》卷十六《马塍艺花》，四库全书本。

[2] [宋] 洪迈：《夷坚志·夷坚志庚》，卷第十《吴淑姬、严蕊》。

唐仲友与朱熹有怨。之后，宋孝宗将朱熹调离，由岳飞后人岳霖掌管刑狱，释放严蕊，问其归宿。严蕊作《卜算子》词云："若得山花插满头，莫问奴归处。"[1]她宁愿去一个不为人知的地方，在那里可以将山花插满头，从此自由自在。

如果可以重新选择，和凝《宫词》中的女性们，是否也愿如此呢？

[1] [宋] 严蕊《卜算子》，唐圭璋编：《全宋词》，中华书局，1965年。

第二章
天风吹海立：生于忧患

一、雪喜雪恶冻复饥

北宋景德四年（1007）十一月的一场雪，牵动着大宋最高统治者——宋真宗的心绪。在与大臣王旦的交谈中，真宗皇帝说："昨暮降雪遽止，朕忧其未足。"[1]期盼已久的一场雪，在昨天傍晚时分戛然而止。雪显然下得还不够，既不能确保来年的丰收，也未能及时将田地里的蝗卵冻灭，这不免让皇帝忧虑起来。

当夜，真宗要求值宿皇城的翰林天文局"伎术官"占验后续的天气，汇报雪情发展。到了半夜时分，终于传来回报："复降，其势甚密。"伎术官告诉皇帝雪还会继续下，而且还

[1] ［清］徐松：《宋会要辑稿》瑞异一之四《瑞雪》，中华书局，1957年。

宋代佚名，《宋真宗半身像》，台北故宫博物院藏

不小，得知此消息的皇帝终于放心，可以安然入睡了。第二天一早，看到大雪“盈尺”的真宗皇帝心情大好，笑着对大臣王旦说：“来岁麦苗应有望也。”

区区一场雪，何以如此牵动皇帝的心呢？

古人早已认识到冬季降雪与来年农事有着密切的关系，所以自古有“瑞雪兆丰年”之说。无论是北宋还是南宋，朝廷都有诏令要求各州县及时“上雨雪”，并要“具时辰、尺寸”[1]等详细信息，由此可见宋人对降雪的重视。南宋数学家秦九韶在《数书九章》的“峻积验雪”算题中指出，宋人之所以要测量积雪深度，是为了“验雪占年”[2]，即通过观测当年冬季的降雪情况，来占验来年农业收成的丰歉。

因此，每年立冬节气过后，遇到瑞雪应时而降，大宋王朝的统治者们都会将之视为祥瑞，以至于宰相要率领百官向皇帝“拜表称贺”。皇帝在接受称贺之后，也会赐予尚书省等重要部门的官员“喜雪宴”。不仅如此，宋廷还会赏赐京师军民

[1] ［清］徐松：《宋会要辑稿》职官二之四五《进奏院》，中华书局，1957年。

[2] ［宋］秦九韶：《数书九章》卷二下《天时·峻积验雪》，四库全书本。

清代董诰，《饯腊迎祥》册之《祥霙三白》，画上题诗："同云凝宇布祥霙，玉积甫田一色平。三白兆丰占上瑞，消蝗培麦利新耕。"台北故宫博物院藏

百姓"雪寒钱"，以示优待与体恤。

俗话说"天有不测风云"，大雪下不下、何时何地下、雪下的多寡，各有不同，也难以尽如人意。

南宋淳熙十三年（1186）入冬以来，降雪稀少，刚刚赴任严州（今浙江建德）的知州陆游只能带领官员百姓虔诚祈祷，期望上苍早日降下瑞雪。天遂人愿，陆游的祈求很快得到了回应，大雪纷纷降落。欣喜之余，陆游写下《屡雪二麦可望喜而作歌》，其中"苦寒勿怨天雨雪，雪来遗我明年麦"[1]两句十分能表明诗人的心情。

[1] ［宋］陆游《屡雪二麦可望喜而作歌》，陆游著、钱仲联校注：《剑南诗稿校注》卷二十八，上海古籍出版社，1985年。

北宋高克明，《溪山雪意图》，美国大都会艺术博物馆藏

高克明

祈求得到回应，自然要感谢上苍的恩赐。于是陆游再次祭拜，以答谢神明，作《严州谢雪祝文》："平地尺为大雪，麦禾预卜于丰穰。"[1]可见当时雪下得很大，陆游期望来年会有丰收，对此心怀虔诚，"敢忘薄荐之陈？少答神明之赐"。

然而，事情的发展却超出了预想，雪一直在下，没有停止的迹象，这又急坏了陆游。

在不得已的情况下，陆游只好再次祈求上苍。在《严州久雪祈晴祝文》中，陆游说："雪虽嘉瑞，过则为灾。春气未和，民屡告病。"[2]凡事过犹不及，雪下得太多，百姓们屡屡告病，不堪其忧。奔赴庙宇、叩拜神明的陆游，诚心祈求："冀日丽于层霄，俾民安于比屋。"总之一句话，赶紧出太阳吧。

由"祈雪"到"谢雪"，再到"久雪祈晴"，陆游在严州的祈祷经历，可谓一波三折。在不到三年的任期内，虽然屡遇灾害，但陆游为政勤勉，广行赈济。其间，他写祈雪、谢雪、祈晴祝文共四篇，祝文以降雪变化为事由，记录百姓民生，叙述农业生产，体现出陆游深厚的济物利人思想。

绍兴三十一年（1161）的正月，雪特别大，天特别冷。雪灾之严重，以至于"禁旅垒舍有压者"[3]，连临安驻军的房屋

[1] ［宋］陆游：《渭南文集》卷二十四《严州谢雪祝文》，四库全书本。

[2] ［宋］陆游：《渭南文集》卷二十四《严州久雪祈晴祝文》，四库全书本。

[3] ［元］脱脱等：《宋史》卷六十二《五行一下》，中华书局，2000年。

宋代佚名，《雪山行骑图》，故宫博物院藏

南宋佚名，《宋高宗半身像》，台北故宫博物院藏

都有倒塌，压伤军卒，何况贫民？大雪还导致粮食短缺，百姓艰食，都城临安有将近四万“贫民之不能自存者”[1]。

灾情严峻，宋高宗赵构打出了一套“组合拳”，赈济受灾军民。先是，皇帝“自掏腰包”，由内府出钱九万五千贯“赐三衙卫士”，以稳定军心。而后，由“内藏库”拨出钱帛，紧急购买薪炭，分赐灾民用于取暖。而后，又命令临安官府“以常平米减时之半，赈粜十日”[2]，即“常平仓”以平日五折的米价发卖米粮，限期十天。

每到冬季，临安城中乞丐就会增多，天寒地冻无处容身，常有冻饿而死者。因此，南宋政府支付街市“暖堂”费用，使无家可归者有个临时避寒场所。在现代都市中，房价高、住房紧张，临安城也有类似情况，城中贫民无自住房，多租赁公、私房舍居住。每当冬雪降临，贫民为冰雪所困，生产经营艰难，生活更加困顿，再缴纳房租无异于雪上加霜。为此，每当冬雪降临，南宋政府多会下诏减免公、私“房舍钱”，帮助贫民渡

1 ［宋］李心传：《建炎以来系年要录》卷一八八，中华书局，1956年。

2 ［元］脱脱等：《宋史》卷一百七十八《食货志上六》，中华书局，2000年。

宋代朱锐，《雪涧盘车图》，台北故宫博物院藏

过难关。

在宋代，大部分百姓主要还是依靠多且厚的衣服、被褥来抵御寒冷。政府和个人多会在雪寒季节救济穷人纸被、纸衣等物品。这些纸被、纸衣由多层旧纸制成，北宋诗人李新言："小儿恶寐惊踏裂，村妻手线自缝密。"[1]纸被、纸衣虽然容易破裂，也不是十分保暖，但勉强能御寒。有时候，一些士大夫囊中羞涩，也会临时置办纸被抵御雪寒，正如南宋高翥所言："更有诗人穷似我，夜深来共纸衾眠。"[2]

冬雪降临，百姓生活艰难，可是他们因生存所迫，但有一线希望，决不敢中断一日生计。南宋都市笔记《梦粱录》中反复记载"早市供膳诸色物件甚多……不论晴雨霜雪，皆然

[1] ［宋］李新《谢王司户惠纸被》，《全宋诗》卷一六八。

[2] ［宋］高翥《同周晋仙夜宿》，高翥：《菊硐集》，四库全书本。

南宋马远，《晓雪山行图》，台北故宫博物院藏

也”[1]，“冬月虽大雨雪，亦有夜市盘卖”[2]。在马远的《晓雪山行图》中，大雪封路、寒气逼人，山民冻得缩手缩脚，但也要赶着两匹驮着炭薪的毛驴到集市售卖。这一切都是为了生计。

晚年寓居绍兴山阴县的陆游，也用诗作记录下冬季寒潮天气影响下的普通百姓生活。绍熙四年（1193）十一月下旬，气候反常，天气温暖，仿佛春天一般，但到了该月的最后一天“晦日”，天气突变，寒潮暴发，风雪大作。陆游在《癸丑十一月下旬温燠如春，晦日忽大风作雪》诗中，为我们描述了这次前暖后冷、风雪突袭的天气过程。

“今年一冬晴日多，草木萌甲风气和。百钱布被未议赎，老翁曝背儿行歌。”[3]“萌甲”意指气温反常偏高，草木提前萌芽。气候异常温暖，百姓质押在典当铺的布被还没有赎回。“不料黑云高嵯峨，明朝雪恶冻复饿”，忽然之间乌云蔽日，剧烈的降温伴随着大风雪一同来袭，导致百姓们饥寒交迫。

“九重巍巍那得知，阁门催班百官贺。”在巍巍的“九重”深宫之内，哪里能得知小民百姓的疾苦呢？寒潮风雪过境，影响的绝不止一城一地，临安与绍兴毗邻，两地情形应该

[1] ［宋］吴自牧：《梦粱录》卷十三《天晓诸人出市》，商务印书馆，1939年。

[2] ［宋］吴自牧：《梦粱录》卷十三《夜市》，商务印书馆，1939年。

[3] ［宋］陆游《癸丑十一月下旬温燠如春，晦日忽大风作雪》，陆游著、钱仲联校注：《剑南诗稿校注》卷二十八，上海古籍出版社，1985年。

陆游像，作者摄于杭州陆游纪念馆

大同小异。“九重”禁宫之内不是真的不知道，怕是当作天降瑞雪，皇帝正忙着接受百官的“拜表称贺”，无暇顾及百姓疾苦罢了。如此看来，陆游诗作中的这次颇具现场感的过程“回放”，就显得难能可贵了。

雪，你不来时，盼着你来；你来了，又怕你乱来，真是让人欢喜让人忧。宋人如此，今人又何尝不是如此呢？

二、遭逢连阴雨，怎一个愁字了得？

绍兴三年（1133）正月，临安城的市民们心情十分苦闷。每当清早来临，还没有完全起床的他们，就竖起耳朵仔细辨听“报晓人”口中那句期盼已久的“天色晴明”。然而，他们一次又一次地失望，街巷里回荡的只有拉着声调的“雨……

雨……”或是“天色阴晦……”

现在的杭州人一大早会收到天气预报，提前获知天气情况。南宋都城临安也有一批“报晓人”，他们除了负责天明“报晓”，还负责报告每日天气的晴、阴、雨。《梦粱录》记载：“每日交四更，诸山寺观已鸣钟，庵舍行者头陀，打铁板儿或木鱼儿，沿街报晓，各分地方。若晴则曰‘天色晴明’……阴则曰‘天色阴晦’，雨则言‘雨’……”[1]在凌晨三点前后，寺院的行者头陀们便化身为“报晓人”，沿街敲打铁板或木鱼，报告天气及“上朝格局”，为上朝的官吏和轮值的士兵等服务。

“报晓人”的工作十分辛苦，“虽风雨霜雪，不敢缺此”，这在绍兴三年的正月更是如此。

这场漫长的阴雨天气，也成为南宋最高统治者——高宗赵构与大臣奏对的话题。《宋会要辑稿》记载，在当年二月十一日，有大臣进言：“伏见自正月元日至今近四十日，阴云晦昧，阳光不舒，加以连雨，旦暮不已。”[2]从正月初一日的春节，到君臣对话当天即二月十一日，杭州出现近四十天的阴雨天气，不仅有“阳光不舒”的寡照，还有“旦暮不已”

❶［宋］吴自牧：《梦粱录》卷十三《天晓诸人出市》，商务印书馆，1939年。

❷［清］徐松：《宋会要辑稿》瑞异三之五《水灾》，中华书局，1957年。

宋代米友仁，《潇湘奇观图》，故宫博物院藏

的久雨。

这种让人苦恼的天气，陆游不禁也要作诗“吐槽”，“九渊龙公出忘还”[1]，说的是龙王不思归，太阳在流浪。

连绵阴雨在南宋历史上，绝非少见。例如，庆元元年(1195)，从正月到八月，差不多近六个月的“超级连阴雨”。连绵不绝的雨水让宋宁宗也坐不住了，“帝蔬食、露祷”[2]，皇帝素食斋戒、冒雨祈晴，可这雨就是下个不停，丝毫不给皇帝面子。

阴雨连绵，最受伤的还是普通百姓。

经营早市、夜市和商铺的小贩们，“虽大雨雪”也不敢中断一日生计。可是临安城中的市民在家避雨，商业客流锐减，以往买卖昼夜不绝、填塞街市的兴旺景象不复存在。连绵的冬雨里，和宁门外的“异品菜蔬、时新果子、海鲜品件”等各色货物，御街上的“五味肉粥、七宝素粥”等早市点心，茶肆里的“七宝擂茶、馓子、葱茶”等奇茶异汤，肉铺中的“冻姜豉蹄子、冻白鱼”等珍馐美味，不是无人问津，就是供货锐减。

在临安城的杂货铺里，即使在冬季也能“扑卖朵花”，其

❶［宋］陆游《苦雨叹》，陆游著、钱仲联校注：《剑南诗稿校注》卷二十三，上海古籍出版社，1985年。

❷［元］脱脱等：《宋史》卷六十五《五行三》，中华书局，2000年。

宋代佚名,《御苑市朝图》,私人藏

中梅花、瑞香、兰花、水仙花、蜡梅花最受市民欢迎。然而，花卉对气候变化十分敏感，尤其是日照、温度和湿度。“可怜瓶中梅，烂漫几开落。小园亦数树，曾未破一萼。”[1]在地炉供暖的室内，瓶梅已经绽放，可是在阴雨连绵的户外，梅树上还只是花蕾。物候偏晚，花期推迟，自然缺少鲜花供应花市，没有时令花朵可供“扑戴”的仕女们，也仿佛失去许多颜色。

其实，更令女士们烦恼的是，衣橱里已经不剩几件干爽的衣裙了。“裙厨、衣架”是宋人重要的“家生动事”[2]之一，与之配套的还有“香炉、铜火炉、泥风炉、烘盘、熨斗”等诸般物事，可以用来烘干、香薰衣物。可是干燥的薪柴、炭墼和香饼等储备都已经用完，城南门的“柴市”只有湿柴供应，这该如何是好呢？

自开禧元年（1205）十月到次年春季，临安一直淫雨不止，与此地市民共同忍受这场苦雨的，还有居住于绍兴山阴的陆游。在《久雨薪炭食饮俱不继戏作》诗中，他说：“固难夸练炭，亦岂择劳薪。盐尽才供暮，醯微尚恼邻。”[3]别说生火做饭的薪炭了，连盐、醋等调味食材也已告罄，这日子快没法儿过了。尽管如此，诗人仍以“戏作”为题，可见其达观心态。

[1] [宋] 陆游《夜坐》，陆游著、钱仲联校注：《剑南诗稿校注》卷三十一，上海古籍出版社，1985 年。

[2] [宋] 吴自牧：《梦粱录》卷十三《诸色杂买》，商务印书馆，1939 年。

[3] [宋] 陆游《久雨薪炭食饮俱不继戏作》，陆游著、钱仲联校注：《剑南诗稿校注》卷六十五，上海古籍出版社，1985 年。

南宋米友仁，《云山图》，美国克利夫兰艺术博物馆藏

其实，在陆游的一生中，这样的冬雨已经历多次。在一次次的冬春连阴雨的天气里，陆游或是作诗排遣孤闷，或是写文哀叹民生，像一位认真勤勉的“气象信息员”和“民生观察者”，用诗文为后世记录着宋人所经历的那些连绵阴雨和雨中生活。

庆元六年（1200）的元宵节，原本应该是上元灯满城，曲巷闹歌舞。可是雨偏偏就是下个不停，以至于“城中酒垆千百所，不忧不售惟忧雨”。在《上元雨》诗中，陆游描述了他所经历的那个糟糕的元宵节：“天公不借一日晴，风吹灯死雨如倾。家家移床避屋漏，不闻人声闻屐声。”[1]老天爷可不管人间佳节与否，连一日的晴好天气都不肯给，不仅雨打花灯灭，更是屋漏逢阴雨，家家移床、户户难眠。

冬春交季本就是气候严寒、青黄不接的时候，贫苦百姓

[1]［宋］陆游《上元雨》，陆游著、钱仲联校注：《剑南诗稿校注》卷四十二，上海古籍出版社，1985 年。

往往缺衣少食、度日艰难。若是再遭遇连续的阴雨天气，就更是雪上加霜了。在《首春连阴》诗中，陆游说：

入春十日九日阴，
积雪未解雨复霪。
西家船漏湖水涨，
东家驴病街泥深。
去秋宿麦不入土，
今年米贵如黄金。
老姬哭子那可听，
僵死不覆黔娄衾！
州家遣骑馈春酒，
欲饮复止吾何心？

出门空叹岁华速，
已见微绿生高林。[1]

雨雪霏霏绵绵不息，诗人的左邻右舍都出了状况，西家船漏、东家驴病。然而，最让他担心的是，去年秋麦收成不佳，今春米贵如金。百姓没有饭吃，是要饿死人的，听着老妪痛失爱子的哭号声，诗人连州府馈赠的春酒都没心思喝了。

黎民百姓遭灾受难，这时就要靠南宋政府救助了，政府颁布了包括减税赋、赈米粮等举措。具体而言，税收方面有减免“僦舍钱”和“白地钱”，即免除租赁公家的房租和闲置土地的租税；减免“客贩柴薪、油面门税”，即免除贩运柴薪粮食的商税；减免五等下户的“身丁钱”，即免除低收入农户的人口税等。对于乞丐、得病的百姓，则要求地方政府，将所有救助人员登记在册，发放米粮、钱物等予以赈济，帮助他们渡过难关。

连绵不休的阴雨，真的是让人高兴不起来。上至君王、下到黎民，一窗晴日泻中庭，才是大家所期盼的。

这一点，古今同此心。

[1] ［宋］陆游《首春连阴》，陆游著、钱仲联校注：《剑南诗稿校注》卷三十一，上海古籍出版社，1985 年。

三、文豪的另一面：抗洪防洪的苏轼

北宋熙宁四年（1071），大文豪苏轼因反对王安石变法，多次向宋神宗谏言无果，于是自请出京，他先后到杭州、密州出任地方官。熙宁十年（1077）四月，苏轼离开密州（今山东诸城），“权知徐州军州事”。可谁知道，一场历史上百年不遇的大洪水即将暴发，突袭徐州。

“黄河自昔为中国患”[1]，水灾加上河患，常会产生惊人的破坏力。熙宁十年的夏秋之交，中原大地“大雨水”“霖雨不止”，河湖水位暴涨。农历七月，黄河在卫州、怀州、滑州等地先后发生溃溢。到了七月十七日，黄河“大决于澶州曹村”[2]。

据《宋史·河渠志》记载，这次大规模的溃堤导致黄河河道迁徙。原本流向东北方的黄河，“北流断绝，河道南徙”。南下的洪水汇集于梁山、张泽泺，之后一分为二，一支沿着“北清河入于海”，另一支则夺“南清河入于淮”。滔滔洪水一路所过，“注城坏仓”“败庐舍、溺居民”。

宋代的通信方式落后，信息传递缓慢。一旦洪水临城，交

[1] ［元］脱脱等：《宋史》卷九十一《河渠一·黄河上》，中华书局，2000年。

[2] ［元］脱脱等：《宋史》卷九十二《河渠二·黄河中》，中华书局，2000年。澶州曹村约位于今河南濮阳。

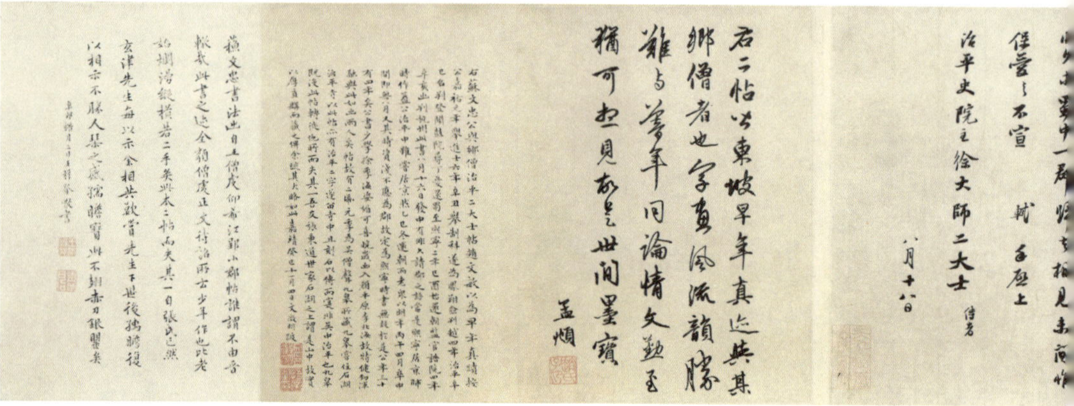

北宋苏轼，《治平帖》，卷首有元人所画《苏轼像》及释东皋妙声所书《东坡先生像赞》，故宫博物院藏

通势必中断，很难再向下游示警。史料记载，黄河曹村段发生溃决十七天后的八月四日，苏轼还与弟弟苏辙游览徐州附近的石经院、云龙山；中秋节当日，与苏辙一起观月作诗，共度佳节。这些迹象表明，在黄河发生大溃决，洪水一路南下的过程中，身为徐州太守的苏轼很可能没有收到任何预警。

六天后，洪水来临，汇于徐州城下。

抗洪：孤城如铁拒狂澜

“水穿城下作雷鸣，泥满城头飞雨滑。”[1]熙宁十年（1077）八月二十一日，洪水冲扑于徐州城下。

“黄河西来初不觉，但讶清泗奔流浑。夜闻沙岸鸣瓮盎，晓看雪浪浮鹏鲲。”[2]从苏轼《答吕梁仲屯田》诗看，对于突如其来的洪水，人们是毫无心理准备的，一时间人心惶惶。

万千百姓是去是留？城池仓廪是守是弃？这些问题都需要身为一州之首的苏轼速速决断！我们不知道苏轼经历了怎么样的心理活动，他只是在诗中说“计穷路断”，剩下的唯有坚守一途。

既然要抗洪守城，那就要集思广益。苏轼紧急召集众人

[1] ［宋］苏轼《九日黄楼作》，苏轼撰、［清］王文诰辑注：《苏轼诗集》卷十五，中华书局，1982年。

[2] ［宋］苏轼《答吕梁仲屯田》，苏轼撰、［清］王文诰辑注：《苏轼诗集》卷十五，中华书局，1982年。

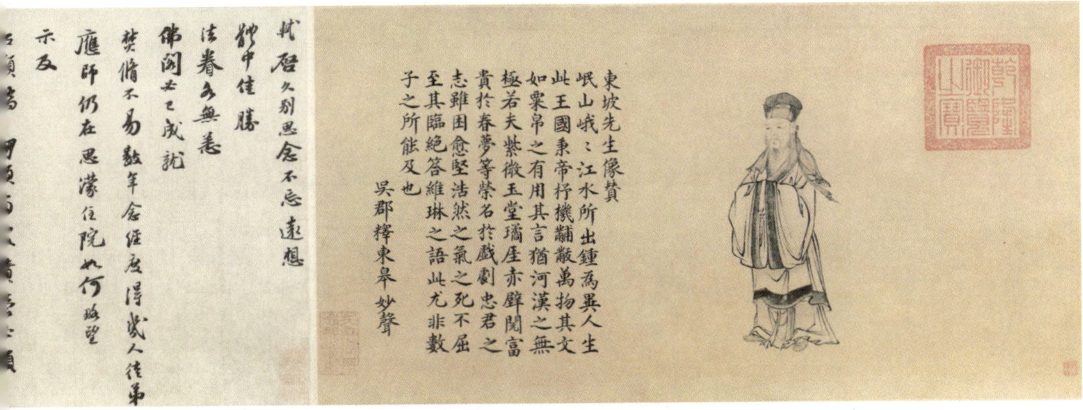

商议对策，城中父老说天禧年间（1017—1021）曾经尝试在城外修筑两段堤坝防洪，现在应该马上重新修筑起来。苏轼听从建议，“起急夫五千人”[1]，恢复筑堤。

然而，汛情危急，人手不足。于是苏轼亲赴徐州禁军驻地，恳请禁军参与抗灾。他说：“河将害城，事急矣！虽禁军且为我尽力。”[2]依据宋代军制，知州只能统辖隶属于地方的厢军，无权调动中央执掌的禁军，否则便有作乱之嫌。然而，苏轼不避嫌疑，其拳拳爱民之心令士卒大为感动：“太守犹不避涂潦，吾侪小人，当效命！”于是三千禁军士卒短衣徒跣，手持“畚锸”等掘土、盛土器具，紧急投入到抗洪抢险之中。

在苏轼的带领下，徐州军民连续奋战，终于在城外筑成起于戏马台、止于城墙脚下的临时堤坝。堤坝筑成的第二天，“水自东南隅入，遇堤而止”[3]，徐州城暂时保住了。

这里有必要说一说徐州城外的地理形势。洪水涌来的南清河与汴渠自西北方而来，交汇于徐州城下，向东南流去，是为泗水。在徐州城南有吕梁山、百步山环绕扼守。南下的洪水触山而上，汇于城下。洪水源源而至，却难以快速流泄，城外的水位势必不断上涨。

[1] [宋] 苏轼撰、孔凡礼点校：《苏轼文集》卷十一《奖谕敕记》，中华书局，1986 年。

[2] [元] 脱脱等：《宋史》卷三百三十八《苏轼传》，中华书局，2000 年。

[3] [宋] 苏轼撰、孔凡礼点校：《苏轼文集》卷十一《奖谕敕记》，中华书局，1986 年。

北宋佚名，《景德四图》之《舆驾观汴涨》，有宋人担土夯土筑堤情形，台北故宫博物院藏

到了九月二十一日，徐州城外水位已经达到“二丈八尺九寸”[1]，居于高位的洪水可以俯瞰城中，“高于城中平地有至一丈九寸”。按照已出土的宋尺实际长度为 31 厘米计算，此时城外水位高于城内约 3.4 米，可谓岌岌可危！

此前，徐州城墙由于年久失修，在洪水的冲刷侵蚀之下，“东薄两隅，西入通洫，南坏水垣，土恶不支”[2]，已是险象环生。苏轼先命人“以薪刍土囊”[3]，堵住城内通往城外的六个水窗；又命人自城内取土，紧急加固徐州城墙。然而，城中原有的十五处取土大坑与外水相应，坑内“皆积水，无所取土”。若不能抓紧时间取土，就无法加固城墙，一旦城外高悬的洪涛破围而入，后果不堪设想。

汛情危如累卵，城内人心大乱，富商大贾争相出城避祸。苏轼说：“富民出，民皆动摇，吾谁与守？”[4]于是下令禁止任何人出城，已出城者必须返回。为了安定民心，他还说：“吾在

[1] ［宋］苏轼撰、孔凡礼点校：《苏轼文集》卷十一《奖谕敕记》，中华书局，1986 年。

[2] ［宋］陈师道：《后山集》卷十七《黄楼铭并序》，四库全书本。

[3] ［宋］苏轼撰、孔凡礼点校：《苏轼文集》卷十一《奖谕敕记》，中华书局，1986 年。

[4] ［元］脱脱等：《宋史》卷三百三十八《苏轼传》，中华书局，2000 年。

明代佚名，《风雨泊舟图》，美国大都会艺术博物馆藏

是，水决不能败城。”苏轼绝不是随便说说的，他从此便“庐于城上，过家不入”。苏轼下定决心，打算与徐州城共存亡，一旦洪水破城，他要像汉代东郡太守王尊那样，以身填堤。

全城人心总算是暂时稳定了，但是如何取土固城，必须尽快拿出对策。人们发现，城中东、西、北三侧的地下水位很高，井水都漫溢出来，唯有城南例外。苏轼立即命人在城南的“亚父冢之东”[1]取土，果然坑水不再上涌，取土成功了。

随后，他立即组织全城军民在城墙之内，再次筑起一道长九百八十四丈、宽两丈、高一丈的长堤，“附城如环，以持其溃”；在城墙之外，苏轼还命人将堵塞决口所用的竹木以及数百艘公私船只，“分缆城下，以杀河之怒”，如此便形成内外两道防线，以策万全。

不仅如此，苏轼还组织军民，多措并举，共同抗灾救灾。他团结徐州通判杨禓、禁军钤辖任某，“使官吏分堵而守”[2]；

[1] ［宋］苏轼撰、孔凡礼点校：《苏轼文集》卷十一《奖谕敕记》，中华书局，1986年。

[2] ［宋］苏辙：《栾城后集》卷二十二《亡兄子瞻端明墓志铭》，四库全书本。

开启公廪粮仓，使城中穷苦百姓得以饱腹；他“明劝禁，以惠困穷，以督盗贼，宣布恩泽，巡行内外”[1]，就此稳定城中治安；他还派人“具舟楫，拯溺疗饥”[2]，抢救城外落水难民。

如此多管齐下，至十月五日，洪水渐退，徐州城得以保全。

[1] [宋] 陈师道：《后山集》卷十七《黄楼铭并序》，四库全书本。

[2] [宋] 贺铸：《庆湖遗老诗集》卷一《黄楼歌·序》，四库全书本。

防洪：水流无尽恩无穷

农历十月五日，黄河已经度过主汛期，徐州城外的洪水渐渐退去。稍晚时候，又有好消息传来。十月十三日，黄河“河流一枝已复故道”[3]，听闻喜讯的苏轼作《河复》诗，歌咏于道路。被洪水围困七十余日的徐州城，暂时解除了危机。

此时，苏轼在思考另一个问题：这次危机算是过去了，但是下次呢？

就在十月里，洪水或许还未完全退去，苏轼就上书朝廷，为了防止黄河水侵徐城，求造石质堤岸。不久，朝廷的答复传回徐州，史料记载只有两个字“不从”。朝廷拒绝的原因，不得而知，但在苏轼写给刘贡父的书信中曾说：“擘画作石岸，用钱二万九千五百余贯，夫一万五百余人，粮七千八百余硕……虽费用稍广，然可保万全，百年之利也。”[4]我们不妨

[3] [宋] 苏轼《河复并序》，苏轼撰、[清] 王文诰辑注：《苏轼诗集》卷十五，中华书局，1982年。

[4] [宋] 苏轼撰、孔凡礼点校：《苏轼文集》卷五十《与刘贡父七首·其四》，中华书局，1986年。

猜测，可能是修筑石质堤岸的费用太高了，朝廷拿不出或不想出这笔钱。

然而，苏轼并不打算就此放弃。

早在十月二日，京东路安抚使等方面大员就向朝廷奏请苏轼防洪有功。次年，也就是元丰元年（1078）正月十八日，神宗皇帝赵顼下诏奖谕苏轼之功。这份诏书来得有些迟，或许是因为苏轼反对变法，而神宗皇帝是主张变法的。但不管怎样，苏轼在抗洪斗争中确实表现突出，皇帝的这份奖谕他当之无愧。

借此机会，苏轼再次上书皇帝，改请修木岸。与石岸相比，修木岸"虽非经久必安之策，然亦足以支持岁月，待河流之复道也"[1]。此外，修木岸工费可减一半，资金压力减轻了，朝廷同意的概率就会变大。为了确保万无一失，苏轼还写信请求开封府判官刘攽（字贡父），以及可以影响朝廷财政拨款的检正中书户房公事刘奉世，为他奔走呼吁，力言于朝廷。

果不其然。到了二月，"有旨赐钱二千四百一十万，起夫四千二十三人"[2]；再加上徐州地方财政，"发常平钱六百三十四万，米一千八百余斛，募夫三千二十人"。钱粮、民

[1] ［宋］苏轼撰、孔凡礼点校：《苏轼文集》卷五十《与刘贡父七首·其四》，中华书局，1986 年。

[2] ［宋］苏轼撰、孔凡礼点校：《苏轼文集》卷十一《奖谕敕记》，中华书局，1986 年。

夫的问题解决了，徐州城新的防洪工程终于可以动工了。在苏轼的指挥下，先是改筑外小城；其次是修筑四条木岸，所谓的木岸就是先打木桩为外廓，再内填土夯实，实际上就是土坝；最后，还将城内的十五个大坑全部填塞，如此综合施工以防备日后水患。

四月二十五日，徐州的防洪工程还在紧张施工中，发生溃溢的澶州曹村决口终于成功堵塞，“水不复至”[1]。为此，苏轼再上《徐州贺河平表》。这次在澶州曹村发生的溃决，直接导致四十五个郡县被淹，“坏田逾三十万顷”，其中又以“濮、齐、郓、徐尤甚”[2]。徐州虽是重灾区，但在苏轼的主持下，徐州却打了场漂亮的抗洪守城战。为此，朝廷颁发嘉奖令——“奖谕敕”，赞誉苏轼之功。

到了八月，徐州防洪大堤竣工。徐州父老为了纪念苏轼的功绩，就把这道长堤称为“苏堤”。自宋神宗元丰元年（1078）到明熹宗天启四年（1624）的五百多年里，徐州虽然水患不断，终因有此堤为屏障，一直安然无恙。后人写诗赞道：“自公去后五百载，水流无尽恩无穷。”[3]

为了纪念抗洪胜利，徐州百姓在东门城墙上还修建了一

[1] ［宋］苏轼撰、孔凡礼点校：《苏轼文集》卷十一《奖谕敕记》，中华书局，1986年。

[2] ［元］脱脱等：《宋史》卷九十二《河渠二·黄河中》，中华书局，2000年。

[3] ［明］吴宽《赋黄鹤楼送李贞伯》，沈德潜：《明诗别裁集》，上海古籍出版社，2008年。

元代夏永，《黄楼赋图》，画中蝇头小楷为苏辙《黄楼赋》，美国大都会艺术博物馆藏

座高达十丈的城楼，取五行学说中的“土克水”之意，将城楼用黄泥涂饰，取名曰“黄楼”。当年九月九日重阳节，黄楼落成，苏轼回忆起去年重阳节正是洪水最大、抗洪最艰苦的时候，不禁感慨满怀，于是写下《九日黄楼作》一诗。

去年重阳不可说，南城夜半千沤发。
水穿城下作雷鸣，泥满城头飞雨滑。
黄花白酒无人问，日暮归来洗靴袜。
岂知还复有今年，把盏对花容一呷。
莫嫌酒薄红粉陋，终胜泥中千柄锸。
黄楼新成壁未干，清河已落霜初杀。
朝来白雾如细雨，南山不见千寻刹。
楼前便作海茫茫，楼下空闻橹鸦轧。
薄寒中人老可畏，热酒浇肠气先压。
烟消日出见渔村，远水鳞鳞山齾齾。
诗人猛士杂龙虎，楚舞吴歌乱鹅鸭。
一杯相属君勿辞，此景何殊泛清霅。[1]

[1] ［宋］苏轼《九日黄楼作》，苏轼撰、［清］王文诰辑注：《苏轼诗集》卷十七，中华书局，1982 年。

刚刚落成的黄楼，引得四方名士吟诗作赋，苏辙、秦观各有《黄楼赋》，陈师道有《黄楼铭》，贺铸有《黄楼歌》等，以此纪念苏轼的抗洪、防洪的功绩。

今天，巍巍黄楼依然屹立，它不仅是苏轼率领徐州军民取得抗洪胜利的历史标记，也寄托着当地百姓对这位解民倒悬、勇于担当的父母官的世代追念——“水至而民不恐，水大至而民不溃，水既去而民益亲”[1]。

[1] 此三句散见于苏辙《黄楼赋并序》，引自［宋］苏辙：《栾城集》卷十七，四库全书本。

四、赤日炎炎似火烧：旱灾与“画龙”祈雨

俗话说“涝是一条线，旱扫一大片”。旱灾往往会带来农业减产甚至绝收，以及由粮食短缺造成的饥馑；旱灾还会造成饮水困难，容易诱发瘟疫、蝗灾和火灾等严重的次生灾害。因此，干旱令宋人恐惧，宋代帝王祭天祈雨的次数也明显比其他朝代要多。

南宋淳熙七年（1180），一场大旱灾悄然来袭。干旱始于湖南，随着旱情发展，迅速波及包括临安在内的江南地区二十八个州府。旱情持续时间也很长，“诸道自四月不雨……

皆至于九月”[1]，这是典型的春、夏、秋三季连旱。罕见的大旱对农业生产的打击是毁灭性的，江浙、两湖、淮南等地都出现饥馑，特别是“镇江府、台州、无为、广德军民大饥”[2]。

更加不幸的是，接下来的两年又连续发生大范围旱灾。淳熙八年（1181），一场从七月持续到十一月的秋冬连旱，超过二十六个州府受旱。当年冬季，临安府等近十个州府又出现不同程度的饥荒，流民逃荒，“流淮郡者万余人”[3]。屋漏偏逢连夜雨，行都临安府、宁国府（今安徽宣城、宁国一带）等又出现疫病，“行都大疫，禁旅多死，宁国府民疫死者尤众”[4]。虽然难以断定旱灾与大疫有直接的因果关系，但旱情对疫病无疑具有催发、助长的作用。当时寓居绍兴山阴的陆游作《冬暖》诗云：“今年岁暮无风雪，尘土肺肝生客热。”[5]中医将热邪入体称为“客热”，冬季气候暖干、久无雨雪，由此滋生的热邪易使人生病，所以诗人“日忧疾疫被齐民”。

淳熙九年（1182）则是从五月至七月的夏秋连旱，三十九个府县受旱，又是几乎波及国土全境的大旱。连续三年的大旱灾极其考验南宋王朝的综合国力和救灾能力。幸运的是，旱灾发生时距离南宋建国已逾五十年，国家相对稳定富

[1] ［元］脱脱等：《宋史》卷六十六《五行四》，中华书局，2000年。

[2] ［元］脱脱等：《宋史》卷六十七《五行五》，中华书局，2000年。

[3] ［元］脱脱等：《宋史》卷六十七《五行五》，中华书局，2000年。

[4] ［元］脱脱等：《宋史》卷六十二《五行一下》，中华书局，2000年。

[5] ［宋］陆游《冬暖》，陆游撰、钱仲联校注：《剑南诗稿校注》卷十四，上海古籍出版社，1985年。

传北宋苏汉臣，《卖浆图》，日本出光美术馆藏

庶，当政的宋孝宗也是南宋诸帝中较有作为的皇帝，救灾举措相对得力，因此，除了疫病死者，史料未见有大量饿殍的记载。

夏旱往往伴随高温热浪天气，导致水源枯竭，其后果往往很惨重。南宋嘉定八年（1215）春夏连旱，到了盛夏“大燠，草木枯槁，百泉皆竭”[1]。“燠”意为暖热、火气，干旱与高温叠加，本应郁郁葱葱的草木干枯了，众多流水淙淙的泉源也干涸了。从五月开始，从江淮地区到都城临安，百姓饮水极为困难，“行都斛水百钱，江淮杯水数十钱，暍死者甚众”。一斛[2]水在杭州竟卖一百钱，临安城里提瓶卖浆的小商贩们赚取这等钱财想必也是内心难安；江淮地区更甚，一杯水竟要几十钱。在这样恶劣的气候条件下，很多买不起水的人大概只能干渴而死。

在如此亢旱面前，人力有穷尽，特别是水源枯竭后，更是毫无办法，人们只能祈祷上苍早日降下甘霖。祈雨是南宋王朝上至皇帝、下到官员，在精神层面组织抗旱的重要方式之一，也是一项传承已久的政治文化活动。今天看来，祈雨显然

❶［宋］马端临：《文献通考》卷三百四《物异考十》，四库全书本。

❷ 按南宋文思院的五斗斛计算，约为30升水，参见张勋燎《南宋国家标准的文思院官量和宁国府（安徽宣城）自置的大斗大斛》，《社会科学战线》，1980年第1期。

无助于旱情的缓解，但对于标榜以德治国的“天子”而言，它的意义不可低估。

正史记载，宋高宗至少有五次祈雨活动。其中，绍兴三年（1133），“帝蔬食露祷，乃雨”[1]。皇帝亲自出马，并且不食荤腥、露天祷告，诚意十足，于是“乃雨”。至于后续的四次祈雨，尽管祈雨的地点级别很高，包括冬至祭天的圜丘、夏至祭地祇的方泽和祭祀祖先的宗庙，但是都没什么效果。

除了一次在太乙宫祈雨成功，宋孝宗的六次祈雨也多以失败告终。宋宁宗似乎十分热衷于祈雨活动，祈雨次数达到破纪录的十五次，可惜几乎没有成功过，以至于在最后一次祈雨仪式中，他居然自虐般地“日午曝立，祷于宫中”[2]。结果，还是滴雨未下，相信他一定很郁闷。

除了亲自祈雨，皇帝还要求臣下精勤祈祷，并屡屡颁下各种祈雨仪式。乾道四年（1168），宋孝宗下诏“颁皇祐祀龙法于郡县”[3]。这种“祀龙法”是宋代州县盛行的祈雨仪式之一。其大致的程序是，选择一处灵验的名山大川或庙宇神祠，筑起一座阔一丈三尺、高二尺的三级方坛，坛外二十步以白绳为界，与周遭分隔开来。坛上植有竹枝，张挂绘有

[1] ［元］脱脱等：《宋史》卷六十六《五行四》，中华书局，2000 年。

[2] ［元］脱脱等：《宋史》卷六十六《五行四》，中华书局，2000 年。

[3] ［元］脱脱等：《宋史》卷六十六《五行四》，中华书局，2000 年。

南宋佚名，《宋宁宗坐像》，台北故宫博物院藏

飞腾矫健的云龙形象画作。经过斋戒沐浴的州县官员，先以酒脯告祭社令，用柳枝洒水于龙画上，然后手捧祝文，高声诵读祈雨[1]。

至迟到魏晋时期，龙已被视作雨神。葛洪《抱朴子》中说："辰日称雨师者，龙也。"[2]这也是"画龙祈雨"的理论源头之一。

在唐宋画论中，"画龙祈雨"也有较多反映。《画鉴》记载："唐画龙图在东浙钱氏家，绢十二幅作一帧，其高下称是。

❶ 即"画龙祈雨法"，参见［元］脱脱等：《宋史》卷一百二十四《吉礼五》，中华书局，2000年。

❷［西晋］葛洪：《抱朴子》卷十七《登涉》，四库全书本。

中心画一龙头、一左臂，云气腾涌，墨浪如臂大，笔迹圆劲，沈着如印。一鳞如二尺盘大，不知当时用何笔如此峻利。上有吴越钱王大书曰‘感应祈雨神龙’，并书事迹。”[1]这段文字表明，吴越国王钱氏曾以唐人绘制的巨幅龙画为祈雨道具，并在画上题写“感应祈雨神龙”。

宋代的龙画仍然被认为具有巫术般的神奇力量。《宣和画谱》记载，董羽极擅长绘制“龙水”画，被当时宋人称为“近代之绝笔”[2]。宋太宗曾命董羽在端拱楼作龙水壁画，由于画作过于形象逼真，以至于“观者畏慑”。迫不得已，宋太宗又命人毁去此画。苏轼也曾使用龙画作为祈雨的“道具”。在写给友人钱济明的书信中，苏轼说：“家有黄筌画龙，拔起两山间，阴威凛然。旧作郡时，以祈雨有应。”[3]苏轼家中收藏有五代著名花鸟画家黄筌的龙画，他在出任地方官时曾用此画来祈雨。

祈雨的龙画中多以“风雨云雾”为画面背景，南宋陈容的龙画便有此风。据《画鉴》记载，陈容不仅深得龙画的变化之意，其作画过程也颇为狂放：“泼墨成云，噀水成雾，醉余大叫，脱巾濡墨，信手涂抹，然后以笔成之。”[4]这似乎与陈容

[1] ［元］汤垕：《画鉴·唐画五代附》，四库全书本。

[2]《宣和画谱》卷九《龙鱼叙论》，元大德吴氏刻本。

[3] ［宋］苏轼撰、孔凡礼点校：《苏轼文集》卷五十三《尺牍·与钱济明·十五》，中华书局，1986年。

[4] ［元］汤垕：《画鉴·唐画五代附》，四库全书本。

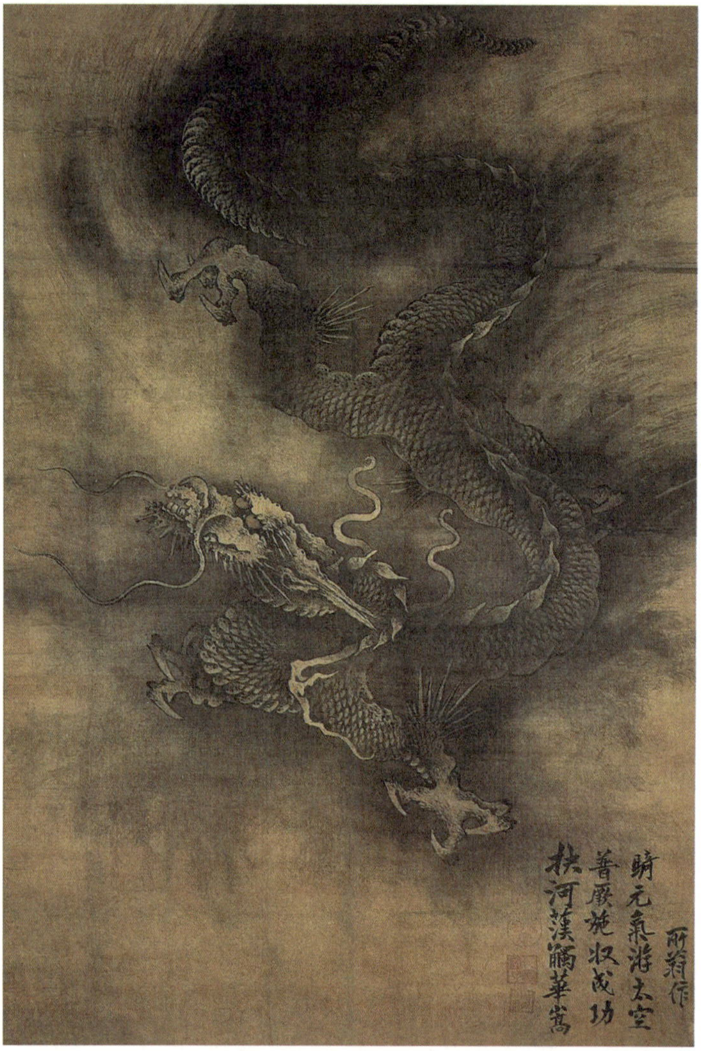

南宋陈容，《云龙图》，广东省博物馆藏

落拓不羁的性格相互印证。在其所作《云龙图》中，画者用劲笔勾画龙体，仅龙眼及龙爪施以赭色，龙身周围腾卷的云雾则运墨笔迅扫而成，整个画面水墨淋漓。以这样的龙画祈雨，祈祷者也会平添几分信心。

传为陈容所绘的另一幅《龙虎斗图》中，一龙一虎在空

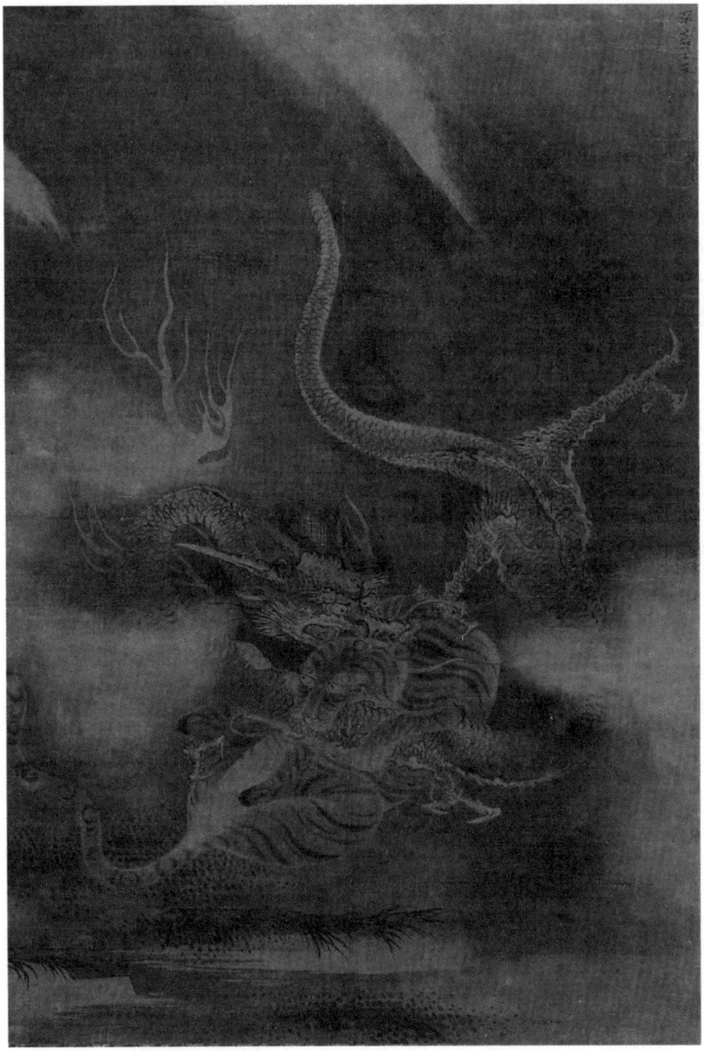

传南宋陈容，《龙虎斗图》，美国波士顿美术馆藏

中缠斗撕咬，乌云、水汽弥漫的天空下，似有田畴草木等待甘霖降下。这是一幅青龙与白虎组合构成的画作，这种组合是传统“阴阳”思想的物化表现。青龙为东方之神，属阳；白虎是西方之神，为阴。很显然，这是借用龙虎相斗之形来表现“阴阳交感”之意。

《周易注》有云："水流湿，火就燥。云从龙，风从虎。"[1]古人认为，将龙与虎画于一幅之内，便有水火既济、风云际会的效用。《太平广记》记载，古人遇到天旱，"以长绳系虎头骨，投有龙处"[2]，不久后云就会从水潭中升起，雨也紧接着下起来。陈容的《龙虎斗图》，可能就是这一应用情景下的绘画产物，是阴阳交感思想的图像映射。

南宋画僧法常也多画《龙虎》对轴，现藏于日本大德寺的两组法常《龙虎》对轴，均题写"龙兴而致云""虎啸而风烈"两句。纽约大都会艺术博物馆还藏有元人的《龙虎图》对轴，尚可一观。这些"龙虎图"或"龙水画"可能正是古人祈雨活动的艺术投影。

今天，我们在欣赏这些艺术作品时，可曾想过在这些画作背后，是古时炎炎赤日下一双双焦灼期盼的眼睛？

五、天风吹海立：《宋史》缺载的罕见台风灾害

由台风引发的潮灾，在古籍中常被称为"海溢"，这是潮灾发生时海面迅速抬高，大量海水侵入陆地的现象。

[1] ［魏］王弼：《周易注》卷一《周易上经干传第一》，四库全书本。

[2] ［宋］李昉等：《太平广记》卷四百二十三《龙虎畜狐蛇卷·龙六·虎头骨》，四库全书本。

宋代佚名，《钱塘秋潮图》，苏州博物馆藏

浙江的杭州湾因其特殊的喇叭口地形，每逢天文大潮汛就会形成闻名遐迩的钱塘江大潮。南宋吴琚曾这样描写其壮观景象："忽觉天风吹海立，好似春霆初发。白马凌空，琼鳌驾水，日夜朝天阙。"[1]钱塘江潮虽是难得的景观，但有时候也会带来难以想象的灾难。

南宋绍定二年（1229）九月三日，对于官员方大琮而言是灾难性的一天。

他在《徐母孺人赵氏墓志铭》里说，自己乘船至桐江与

[1] [宋] 吴琚《酹江月》，唐圭璋编：《全宋词》，中华书局，1965年。

富春江交汇的三江口处，大雨骤至，江水暴涨，怒风驾涛而来，以至于“溺于浙江渡者以千计。又至京，知没台城为鱼者以万计，皆是日也”[1]。

“浙江渡”位于临安城南、钱塘江北岸，是当时横渡钱塘江的四大渡口之一，因其位置重要、人流量大，又有“临安第一渡口”之称。突如其来的大雨导致钱塘江水位暴涨、洪水肆虐，并与“怒风”引发的风暴潮“碰头”，急剧抬升的钱塘江水位淹没了人群大量聚集的“浙江渡”，死者多达千人。

城内的情况也十分糟糕，“没台城为鱼者以万计”。“台”指以尚书台为主体的中央政府，因尚书台位于宫城之内，因此宫城又被称作“台城”。此句话不仅说明临安城中可能有上万人溺亡，还暗示作为国家行政中枢的“宫城”也未能幸免。

然而，让人费解的是，如此巨灾作为官方正史的《宋史》却没有只言片语的记载，是方大琮在说谎吗？

追溯方大琮的生平发现，他生于1183年，卒于1247年，灾害发生时其人还在世，他应是亲见或听闻灾害的发生。方大琮曾任南宋理宗朝的谏官“右正言”，因言论不为当政所容而离开临安，清代纪晓岚称其为“敢言之士”[2]，从个人品

[1] [宋] 方大琮：《铁庵集》卷三十五《徐母孺人赵氏墓志铭》，四库全书本。

[2] [宋] 方大琮：《铁庵集·四库全书总目提要》，四库全书本。

行和职业操守而言是值得信赖的。加之此事记载在方大琮私人文集中，所述又是墓志铭，所以其记载应该是可靠的。

《宋史》之所以未见记载，很可能是南宋后期史料缺失所致。白寿彝先生在论及宋代史料时曾说："《宋史》详于北宋，略于南宋，南宋后期尤疏略。"[1]元代的苏天爵在《滋溪文稿》中也说："（南宋）理、度两朝，事最不完。"[2]灾害发生于南宋绍定二年（1229），正值南宋后期理宗在位之时，动荡的政局令修史大受影响。加之蒙元灭宋、临安城陷落距离《宋史》修成又相隔69年，其间的战乱流离也会导致史料散佚。

其实，这次大灾波及的范围远不止杭州一地。

据南宋王象祖《浙东提举叶侯生祠记》记载，当年夏季台州干旱，进入秋季降水开始增多。九月初一日降雨，初二日降雨加剧，"丁卯（初三日）天台、仙居水自西来，海自南溢，俱会于城下"[3]，九月初三也正是风暴潮袭击杭州的当日，在台州府城（今浙江临海）上游地区的天台、仙居的洪水，自西向东沿椒江而下，与来自东南方向"海溢"的潮水，共同夹击位于椒江口北岸的台州府城。

大水"袭朝天门，大翻括苍门，城以入，杂决崇和门，侧

[1] 白寿彝：《中国通史》第七卷《五代辽宋夏金时期》甲编第一章《文献资料》第三节《宋代史料》，上海人民出版社，2013年。

[2] ［元］苏天爵：《滋溪文稿》卷二十五《三史质疑》，四库全书本。

[3] ［宋］王象祖《浙东提举叶侯生祠记》，［宋］林表民：《赤城集》卷十，四库全书本。

南宋马兴祖，《浪图》，日本东京国立博物馆藏

城而出”[1]，大水连续冲破数座城门，穿城而过，“平地（水深）高丈有七尺”。按照宋代一尺约为 31 厘米计算，则平地水深超过了 5 米，可见水势之大。这段史料完整地描述了洪潮灾害从酝酿到暴发再到灾损的全过程，特别是对洪水西来与海潮北上交汇于台州府城下，继而潮水涌入城内的行进路线记载得非常清晰详细。

大水突袭的后果是灾难性的。“死人民逾二万，凡物之蔽江塞港入于海者三日”[2]，可谓死伤惨重。南宋朝廷闻知台州灾变后，急忙派遣早已深得民心的前台州知州叶棠二次主政台州，主持善后救灾和重建工作。

据《浙东提举叶侯生祠记》记载，叶棠到达台州时看到了仿佛末日一般的场景，“陵谷反易，城市为沙砾之墟，亡者叠腐，存者改形”[3]。洪潮暴发后，山体滑坡、泥石流等地质灾害势难避免，才会出现“陵谷反易，城市为沙砾之墟”的情

❶ [宋] 王象祖《浙东提举叶侯生祠记》，[宋] 林表民:《赤城集》卷十，四库全书本。

❷ [宋] 王象祖《浙东提举叶侯生祠记》，[宋] 林表民:《赤城集》卷十，四库全书本。

❸ [宋] 王象祖《浙东提举叶侯生祠记》，[宋] 林表民:《赤城集》卷十，四库全书本。

南宋佚名，《江上观潮图》，私人藏

况。由于死者众多，“亡者叠腐”，灾后又出现了“疫亡枕藉，蚕麦大荒”等次生灾害。

叶棠还组织评估了整个台州的灾伤轻重程度。评估的结论是：“州郭重于诸县，临海重于天台、仙居，天台、仙居重于宁海、黄岩。”[1]对于如此巨灾，其总体评价是“水患自庆历至今几二百年而再见”，即达到二百年一遇。

综合杭州和台州两地发生的灾害情况，我们猜测巨灾元凶可能为台风。从灾害的发生时间上看，两地是相同的，都是农历九月初三。一般来说天文大潮发生在朔日和望日之后一天半左右，即农历的初二、初三和十七、十八日，也就是说九月初三恰逢天文大潮汛。从史料记载来看，杭州是怒风、大雨、大潮“三碰头”，台州虽未提及风的情况，但也是洪水、潮水“合流”。从地域范围来看，杭州、台州一在浙东，一在浙北，

[1] ［宋］王象祖《浙东提举叶侯生祠记》，［宋］林表民：《赤城集》卷十，四库全书本。

“乾道二年水满到此”及船形摩崖石刻，马永安摄

皆为沿海地区。

从发生时间、风雨同步、影响范围等条件推断，这次大范围袭击浙江的罕见风暴潮灾害的主导天气系统，很可能是“秋台风”。诸多致灾因子多发、群发，且同位相叠加影响，使得灾害的破坏力极为惊人，灾害损失也格外严重。

天风吹海立，沧桑无限事。叹息感慨之余，后人还需引以为鉴，居安思危。

六、海拔 69.68 米：“乾道二年水满到此”

在今天温州市龙湾区永中街道坦头村附近，有一座峰门山，在山南数十米高的岩坡上，有一处珍贵的摩崖石刻。崖上阴刻“乾道二年水满到此”八个隶书文字，字高约 12 厘米，八字长约 80 厘米。刻字上方还有一幅船形图案，“扬帆”状并不明显，但小船的后舵依旧清晰可辨。

这一处不起眼的小小题刻背后，到底隐藏着一个怎样的故事？它又在向后人昭示着什么呢？

浩劫知天威

温州位于浙南沿海地区，三面环山，一面抱海，“一片繁华海上头，从来唤作小杭州”[1]。温州人还喜欢用“浩浩东海，巍巍雁荡”来形容自己的生存环境。宋室南迁，温州迎来了快速发展时期，位于瓯江入海口南岸的温州古城，呈现出一派繁荣景象。

“乾道”是南宋孝宗皇帝的第二个年号，乾道二年（1166）春，温州由于倒春寒天气影响，闹了一阵饥荒，不过随着夏粮丰收，百姓们仍旧过着安稳日子。

“人有悲欢离合，月有阴晴圆缺。”这年中秋节刚过，天气突变。

八月十七日，飓风挟雨来袭。《温州府志》记载，当天申酉时分[2]，风雨“益甚”，以至于“拔木飘瓦”[3]。滞留户外的百姓“人立欲仆”，站都站不稳，随时会被风吹倒。抬眼望去，温州州城内外很多市店、寺庙、公廨和民居都被狂风掀去屋顶，甚至直接摧垮。当晚，汹涌狂暴的海潮溯瓯江而上，“夜潮入城，沉浸半壁”[4]。

今天，查询瓯江潮候时间表，可知农历十七日夜潮的起

❶［宋］杨蟠《永嘉》，《全宋诗》卷四四四。

❷ 约北京时间15时—19时。

❸［明］王瓒、蔡芳：《弘治温州府志》卷十七《祥异》，上海社会科学院出版社，2006年。

❹［明］王瓒、蔡芳：《弘治温州府志》卷十七《祥异》，上海社会科学院出版社，2006年。

宋代佚名，《月夜潮汐图》，美国大都会艺术博物馆藏

止时间，约在18时30分到23时。对于日落而息的古人来说，已是就寝时间。当时，很多人来不及逃离，甚至在睡梦中就溺毙而亡。

南宋永嘉学派集大成者、思想家叶适，曾是这场大灾变的亲历者。乾道二年（1166），十七岁的叶适正在温州乐清县的白石北山小学舍执教谋生。后来，他在撰写《李宜人郑氏墓志铭》时，回忆起当年的情形。墓主人郑氏有一子，名为李宽。他在担任温州天富北监盐场的监官时，颇有政绩。其中，最主要的就是重新规划、建设了被风潮摧毁的天富北监。

天富北监位于乐清县东北侧玉环岛上，系滨海之地。事发当晚月色澄朗。百姓们将欲解衣休息时，忽然“冲风骤雨，水暴至”[1]。人们推开房门，水已没膝；到屋檐下时，大水已经“荡胸”；未到院门前，“人已溺死”。

根据叶适的记载，只是一顿饭的工夫，天富北监“千余家”百姓、集市店肆尽皆沦没，“茅苇有无、起灭波浪中”[2]。

[1] ［宋］叶适：《水心集》卷二十一《李宜人郑氏墓志铭》，四库全书本。

[2] ［宋］叶适：《水心集》卷二十一《李宜人郑氏墓志铭》，四库全书本。

直到四十年后，在李宽的辛苦营建下，天富北监才算略复旧观。“起灭波浪中”的天富北监，恰似这场大劫的一个缩影。

“水漫城门齿”，这是后世温州人对那场灾难的记忆。《永嘉县志》记载，“温州大风，海溢，漂民庐、盐场”[1]以及位于瓯江江心屿的龙朔寺。《温州府志》里描述说，州城内侥幸逃出家门的百姓，“人方上屋、升木”，以避潮水。然而，没过多久，“屋漂木没”，城中“四望如海”[2]。

直到“四鼓”时分[3]，“风回南，潮退”。风向转为南风后，夜潮方才退去。至于灾后的惨烈景象，史书只留下八个字：“浮尸蔽川，存者什一。”[4]

到底有多少人员伤亡？一时间，谁也说不清楚。

温州下辖有永嘉、平阳、瑞安、乐清四县，都是滨海受灾之地。以永嘉县任洲村为例，“一村千余家，家以五人为率，计五千余人，存者才二百人”[5]。全村的幸存者，仅有总人口的 4%。《永嘉县志》还记载：“溺死二万余人，江滨胔骼尚七千余。”[6]温州州城所在地的永嘉县亡者很可能接近三万人，难怪有“浮尸蔽川”之语。

当时的员兴宗在《永嘉水并引》诗中说：“沉家十万忍

[1] [清] 张宝琳：《光绪永嘉县志》卷三十六《祥异》，清光绪八年刊本。

[2] [明] 王瓒、蔡芳：《弘治温州府志》卷十七《祥异》，上海社会科学院出版社，2006 年。

[3] 约后半夜 1 时—3 时。

[4] [清] 张宝琳：《光绪永嘉县志》卷三十六《祥异》，清光绪八年刊本。

[5] [明] 王瓒、蔡芳：《弘治温州府志》卷十七《祥异》，上海社会科学院出版社，2006 年。

[6] [清] 张宝琳：《光绪永嘉县志》卷三十六《祥异》，清光绪八年刊本。

不论。”[1]十万，虽是艺术夸张，却道出了其中惨状。次年四月十八日，宋廷发布“销欠温州逃移、死绝人丁所纳绢”诏书：“温州永嘉、平阳、瑞安、乐清四县，逃移、死绝人丁共一万四千七百九十五丁。”[2]这是个较为准确可靠的数字。

诏书中列于前的“逃移”，自然是粉饰之语。事实上是，承担交纳身丁钱的 20 岁至 59 岁年龄段的一万四千余男丁死亡。故此，他们的姓名从缴税簿上一笔勾销。可是，这个数字并不包括老幼、残疾男性和全部女性，这些人比成年男丁的自救能力更差，死亡率只会更高。保守估算，约有一万四千七百九十五户温州家庭，在洪流中消失。

❶［宋］员兴宗：《九华集》卷二《永嘉水并引》，四库全书本。

❷［清］徐松：《宋会要辑稿》食货六三之二七《蠲放》，中华书局，1957 年。

劫余尽人事

站在今天的峰门山上，眺望人烟稠密的温州城，让人心生感慨。轻轻触摸“乾道二年水满到此”几个字，一瞬间，思绪又被拉回八百多年前那个惊心动魄的长夜，带着阵阵惊悸与哀伤！

“宋乾道二年，大水夜半入城，民多淹死，仅仙岩赖姓及大镬万姓存焉！”

“乾道二年，水满炎亭坳，江南只留十八家！”

“乾道二年，唯居住泮山一木一谷姓氏人家，因地势高而幸存。”

这些高居山原的百姓，虽然家园被风暴摧坏，但是因为潮水难及，却保住了性命。这些零零散散的幸存者站在峰门山上，眺望劫余之后的温州古城，又该是何种心情？

“乾道二年水满到此”寥寥八字，虽然很短，未及述说的，似乎很多很多。

灾变之后，温州知州刘孝韪会同司农少卿陈良弼，大开府仓，将五万石存粮分赈灾民。同时，他将灾情飞书递报都城临安。然而，如此巨灾竟未引起南宋朝廷应有的关注。

“时郑景望任国子监丞，率乡人在朝者告灾异。”[1]永嘉人郑伯熊，字景望，是南宋进士、永嘉学派的代表人物之一，当时正在临安担任国子监丞。听闻家乡遭逢大劫后，他忧心如焚、奔走四方，联合在临安的温州籍官员为乡人请命。两位温州状元王十朋、木待问也响应倡议，联名具疏，向朝廷奏请赈恤。

九月七日，灾变过后的第20天，宋孝宗正式下诏救援。

[1] ［明］王瓒、蔡芳：《弘治温州府志》卷十七《祥异》，上海社会科学院出版社，2006年。

之后，皇帝连下诏旨，派遣掌管财计的唐瑑、掌管仓储的宋藻，会同刘孝韪赈济灾民；令内藏库支降钱二万贯，先行修复温州水利设施。

在唐瑑以及温籍在朝官员薛良朋、郑伯熊等人的努力下，宋孝宗下诏，消除温州府遇难者应缴纳绢钱，放免第四等以下贫民身丁钱一年；自乾道二年秋季至乾道五年夏季，减免温州府五分之一应需缴纳的税赋额度，从而减轻幸存灾民的负担。

大灾之后，温州城“所余黎民，靡有孑遗”。沿海地区人口剧减，劳动力缺失，土地一度荒芜。南宋朝廷一方面提前释放服刑人员，增加劳力；另一方面，下诏迁徙福建北部之民充实温州人口，知州刘孝韪于是传檄福建，请求移民补籍。

此后数年，大量闽人相继入籍温州，繁衍生息，形成了温州史上最大规模的移民潮。这也是温州人常说“有不少温州人的先祖来自福建”的历史背景。今天，温州沿海各县的许多家谱中，都会提到祖先是在乾道二年以后从福建迁入的，瑞安八水的《周氏族谱·草斋公谱序》中，还有“乾道水灾”

的专门记录。

岁月如云如潮。东海上的狂风恶浪，日夜不停地锤炼着温州人不屈不挠的生存意志，磨砺出敢闯敢拼的坚韧品格。峰门山上的石壁题刻，只是他们灵魂中最深的一道疤。

这道海拔 69.68 米的“疤痕”，是珍贵的气象水文记录，也是惨痛的集体历史记忆，更是以无数生命为代价换来的警示。它时刻提醒着我们，要保持对自然的敬畏之心，牢记人与自然和谐共处。

七、疫之殇：乾道元年的宋人

乾道元年（1165），对于南宋王朝来说是一个多灾多难的年份。上年十月，由于北方的金军入侵，淮河两岸烽火遍地。《宋史》记载：“隆兴二年冬，淮甸流民二三十万避乱江南。”[1]到了乾道元年初，部分南下难民已经聚集到都城临安。

一月二十二日，因饥民聚集，临安府官员薛良朋上书宋孝宗，请求开仓赈济，皇帝批准了。而后，临安府委派官吏，选择城外十二处寺院设置粥棚“给散养济”[2]流民。

[1] ［元］脱脱等：《宋史》卷六十二《五行一下》，中华书局，2000 年。

[2] ［清］徐松：《宋会要辑稿》食货六十之一三《恩惠》，中华书局，1957 年。

南宋李唐，《炙艾图》，台北故宫博物馆藏

然而，屋漏偏逢连夜雨。该年“二月大雪，三月暴寒，损苗稼”[1]，苏南、浙北等地“大饥，殍徙者不可胜计”[2]。这一期间，临安的饥民不仅越聚越多，疫情也开始出现。

二月二十六日，监察御史程叔達向皇帝进言：“凡人平居无事，饥饱一失其节，且犹疾病随至，况于久饥之民……其不

❶［元］脱脱等:《宋史》卷六十二《五行一下》，中华书局，2000年。

❷［元］脱脱等:《宋史》卷六十七《五行五》，中华书局，2000年。

南宋周季常、林庭珪，《五百罗汉图》之《布施贫饥》，美国波士顿美术馆藏

生疾疫者几稀。”[1]饥饿使人抗病能力下降，而流民聚散更容易传播疫病。“今饥民聚于城外，而就粥者不下数万人，颇闻渐有病者，有毙者。臣略问之，城内给棺殓者，已至七十余人。”七十余条鲜活的生命已经被疫病夺走，剩下的数万饥民还有近百万临安百姓，都笼罩在疫病的阴影之下，到底该怎样应对呢？

据史料载，此前临安府已经发觉有疫情出现。为此，孝宗皇帝还曾下诏，要求有司采取措施：一是“命医挟剂，以疗

[1] ［清］徐松：《宋会要辑稿》食货六十之一四《恩惠》，中华书局，1957年。

治之”；二是“择空闲屋宇，以安养之”。[1]

若留心史料，就会发现自南宋初到乾道元年的这三十多年间，临安府至少已暴发过十七次疫情。由于疫病的反复流行，南宋政府已有一定的应对策略和经验做法，“命医挟剂，以疗治之”就是其中之一。

例如，绍兴二十六年（1156）夏季，杭州“又疫”，“高宗出柴胡制药，活者甚众”[2]。再如，绍兴二十八年（1158）六月，由于暑疫，南宋政府“令翰林院差医官四员，遍诣临安府城内外看诊，合用药令户部于和剂局支拨应付”[3]。此类遣医送药之举，在杭州疫病流行时多有记载，可见南宋朝廷对此是很重视的。

至于“择空闲屋宇，以安养之”，则是对无家可归的灾民的安置之举，也不乏隔离之意。其实，早在北宋元祐五年（1090），身为“杭州市市长”的苏轼，在领导抗疫工作时就首先创建了“病坊”。《续资治通鉴长编》记载，这个名为“安济”的病坊“遣吏挟医，分方治病，活者甚众”[4]。到了南宋，具有公立医院性质的“安济坊”仍在发挥作用。南宋文学家洪迈在《夷坚志》中说：“不幸而有病，家贫不能拯疗，

[1] ［清］徐松：《宋会要辑稿》食货六十之一四《恩惠》，中华书局，1957 年。

[2] ［元］脱脱等：《宋史》卷六十二《五行一下》，中华书局，2000 年。

[3] ［宋］潜说友：《咸淳临安志》卷四十《诏令一·差医官看诊贫民给药》。

[4] ［宋］李焘：《续资治通鉴长编》卷四百三十五，四库全书本。

南宋佚名，《宋高宗坐像》，台北故宫博物院藏

于是有‘安济坊’，使之存处，差医付药。”❶

尽管已经采取了上述举措，但是乾道元年的这次疫情，似乎来得格外猛烈，“众之所聚，疾势易成，转相渐染，难以

❶［宋］洪迈：《夷坚志乙》卷四《优伶箴戏》，四库全书本。

复治”[1]。

于是，程叔逵向皇帝建议，令临安府县官吏“亲行科择”，多出榜文：“凡有家可归、有乡可依者，许其自陈，给以粮米，使之各复归业。”为有家有业的流民发放米粮，遣散归乡，避免人员大量聚集。“至于无所依归之人，乃令就病坊安养。”无家可归的流民或病患则就近在病坊中救治，这两项举措可以尽量避免疫情的进一步加剧。皇帝认可了这项建议，并命令临安府执行。

设置病坊可以集中收治病患，也是针对疾疫流行时期患病之人采取的隔离措施，目的是减小疫病的传播范围，可谓是宋代疫情防控的一项创举。

虽然临安府已经遣散部分流民，但是由于饥荒严重，新的流民仍在不断涌来，病患数量也在不断增加，城外的防疫药品和医生很快就开始捉襟见肘。为此，二月二十九日即程叔逵向皇帝进言的三天后，宋孝宗再次下诏：“令医官局于见赈济去处，每处各差医官二员，将病患之人诊视医治。其合用药，于和剂局取拨。”[2]医官局要在十二处设置粥棚的赈济点，再行派遣二十四名医官，药物则由“和剂局”[3]负责制备。

[1] ［清］徐松：《宋会要辑稿》食货六十之一四《恩惠》，中华书局，1957年。

[2] ［清］徐松：《宋会要辑稿》食货六十之一四《恩惠》，中华书局，1957年。

[3] 和剂局是南宋官方的制药机构。绍兴二十一年（1151），南宋政府就颁布了中成药制剂规范——《太平惠民和剂局方》，这是南宋官方标准化制作各类中成药用以治病防疫的开始，今天常用的“藿香正气散”也首次出现在该方书中，是当时“辟除瘟疫”的良方。

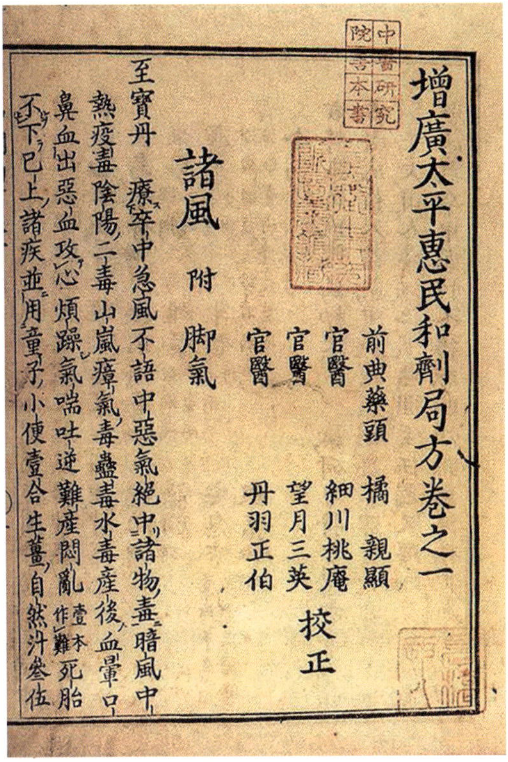
增廣太平惠民和劑局方卷之一
前典藥頭　橘　親顯
官醫　細川桃庵
官醫　望月三英　校正
官醫　丹羽正伯
諸風　附　脚氣
至寶丹　療卒中急風不語中惡氣絕中諸物毒暗風中熱疫毒陰陽二毒山嵐瘴氣毒蠱毒水毒產後血暈口鼻血出惡血攻心煩躁氣喘吐逆難產悶亂壹本作難死胎不下已上諸疾並用童子小便壹合生薑自然汁叁伍

《太平惠民和剂局方》书影

与之前派出的医官一样，新派遣的二十四名医官“仍日具医治过人并用过药数，申尚书省”[1]。这应该就是八百多年前的“每日疫情报告”了。

十天后的三月八日，疫情似乎已经从城外的赈济点向临安城内扩散，并且不断出现因疫病而亡故的临安市民。

在向皇帝汇报疫情防控工作时，临安府官员薛良朋表示已经按照皇帝的旨意，“收拾街市为患不能行步，贫民用粥药医治”[2]。至于已经亡故的病患，“每名给钱三贯文，收买棺木埋瘗”[3]。这些收殓死者的棺木会被埋在“漏泽园”[4]。

到了四月二十二日，“因疫气传染，间有死亡”，宋孝宗再次下诏：“差医官八员，遍诣临安府城内外，每日巡门体问看诊，随证用药。”[5]与上一批固定在十二个赈济点看诊施治的医官不同，再次派出的这八名医官，是一支“流动医疗小

[1] ［清］徐松：《宋会要辑稿》食货六十之一四《恩惠》，中华书局，1957 年。

[2] ［清］徐松：《宋会要辑稿》食货六八之一二六《恤灾》，中华书局，1957 年。

[3] ［清］徐松：《宋会要辑稿》食货六八之一二六《恤灾》，中华书局，1957 年。

[4] 漏泽园是宋代带有公益性质的丧葬场所，在临安府仅钱塘、仁和两县就有漏泽园十二所，一般由僧人管理，多由政府出资，特别是出现疫情时。

[5] ［清］徐松：《宋会要辑稿》食货五九之四二《恤灾》，中华书局，1957 年。

分队”，他们分布在临安城内外各处，每天要挨家挨户上门查问，一旦发现病患要第一时间诊疗用药。这显然是针对进一步扩散的疫情，采取的紧急对策。

就在同一天，皇帝还下了另一道诏旨，意在帮助无家可归的饥民与病患暂时解决吃饭问题。早在南宋初年，临安城就设置了一种季节性的救济机构——“养济院”。凡是都城内外的老疾贫乏、不能自存者以及乞丐等人，依照救助条例，遇有疾病则给药医治，每年从十一月一日起至来年二月末，支给常平钱米，予以救济。

由于饥疫交加，乾道元年的这次灾情显得格外严重。虽然此前已有措施，将“养济饥民”的时限从常年的“二月终”延至“四月终”。但是，这还不够。皇帝要求临安府会同掌管钱粮的转运司官员，“遍诣散粥及病坊去处”，亲自排查，掌握那些因为疾病残废、鳏寡孤独等“不能自存、见在病坊之人”的情况，将救济此类人员的措施“更展限半月，给散粥药养济”。[1]

至此，灾害已经持续数月之久，疫情也从临安府扩散到“两浙路”[2]多个州县，疫情所带来的损失开始影响南宋经济

[1]［清］徐松：《宋会要辑稿》食货六十之一四、一五《恩惠》，中华书局，1957年。

[2]包括今天浙江、江苏大部分和江西部分地区。

社会的方方面面。

《宋会要辑稿》记载，由于疫病流行，两浙路百姓多有因病亡故的，各州县的丁籍“自应亏减”。然而，在交纳当年夏季赋税时，各州县官员仍然“按籍而催”，基层办事的小吏们为了逃避责任，或是将尚未成年之人“籍为成丁”，或是将缺额的税赋“取之于见存之人”，或是要求地方保长等人“合力偿备”[1]。为了杜绝此类情况，南宋朝廷诏令两浙路州县官员，要如实申报因灾死亡、流失人数，以此作为缴纳赋税的依据。

在临安有许多百姓没有自己的住房，多是租住政府的廉租房或其他富户的房屋。由于疫病流行，城内外有很多全家患病的贫民，他们无法出门劳作，自然没钱交房租。为此，当年五月二十三日，南宋朝廷又诏令临安府，要求“差官抄札，予放房钱一月”[2]，以此缓解百姓没钱交房租的困境。

由于史料缺载，对于这场席卷南宋王朝京畿重地、持续时间几达半年之久的可怕疫情，我们不知道它是因为何种疾病引发的，最终又是如何消弭的。但是，通过钩稽史料，仍能部分地还原出与疫魔抗争时宋人所展现的智慧与坚毅。

[1] ［清］徐松：《宋会要辑稿》食货一二之一六、一七《身丁》，中华书局，1957 年。

[2] ［清］徐松：《宋会要辑稿》食货六三之二四《蠲放》，中华书局，1957 年。

第三章
细雨飞梅天：诗画江南

一、诗圣的“疏忽”？梅雨的文学意象

早在唐代，我国就已经开始流行“梅雨诗”。

“南京西浦道，四月熟黄梅。湛湛长江去，冥冥细雨来。”[1]诗中的“南京”指成都，唐明皇入蜀避安史之乱时，将成都改为“南京”。杜甫（字子美）在途经成都下辖的犀浦县时，天空下起蒙蒙细雨，此时恰值农历四月黄梅成熟，便作了这首《梅雨》诗。

到了南宋，从江南调任到蜀中做官的范成大，却出来挑诗圣的“疏忽”，指出成都没有“梅雨”。他在《吴船录》中说：“蜀无梅雨，子美梅熟时经行，偶值雨耳。恐后人便指为梅

[1] ［唐］杜甫《梅雨》，《全唐诗》卷二百二十六，中华书局，1980年。

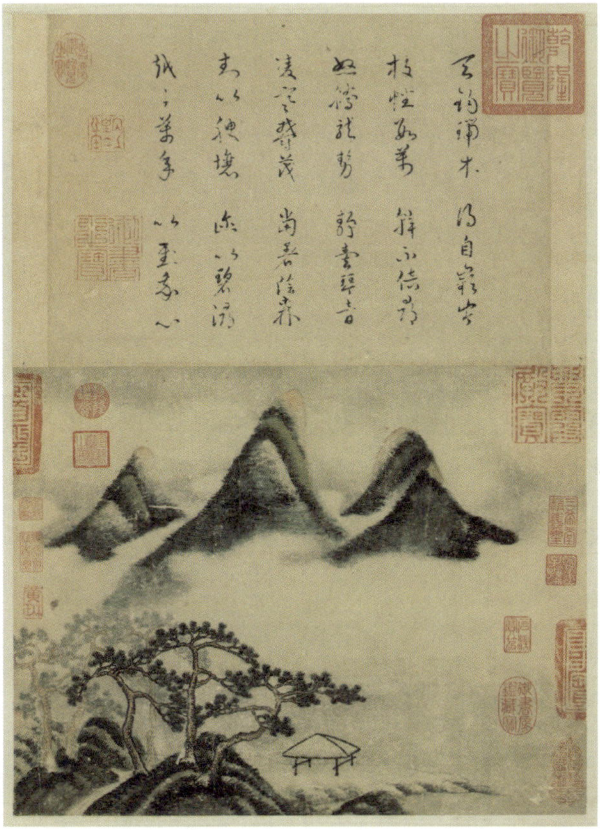

北宋米芾，《春山瑞松图》，台北故宫博物院藏

雨，故辩之。”[1]他认为杜甫只是在梅子熟时刚好遇到下雨而已，不能因此就说蜀中有“梅雨”。

与范成大同时代的陈岩肖[2]却持相反观点。他在《庚溪诗话》中说：“江南五月梅熟时，霖雨连旬，谓之黄梅雨。”[3]他首先提出古代“梅雨”的基本定义，这是比较符合典型的江南梅雨情形的，与今天气象学意义上的“梅雨锋”降水天气的认知也是较为接近的。接着，他还肯定了杜甫的说法，认为“蜀中梅雨，乃在四月也”。

这又是为什么呢？因为，陈岩肖读到了唐代诗人柳宗元的《梅雨》诗中的两句“梅实迎时雨，苍茫值晚春”[4]。这首诗是柳宗元被贬岭南时在广西柳江边写的。因此陈岩肖认为：

[1] [宋] 范成大：《吴船录》卷上，四库全书本。

[2] 南宋婺州（今浙江金华）人，活跃于高宗、孝宗年间，官至兵部侍郎。

[3] [宋] 陈岩肖：《庚溪诗话》卷上，四库全书本。

[4] [唐] 柳宗元《梅雨》，《全唐诗》卷三百五十三，中华书局，1980年。

宋代佚名，《风雨归舟图》，故宫博物院藏

"南粤梅雨，又在春末"。或许，陈岩肖的潜台词是说，在两广地区三月末就有梅雨，凭什么说蜀中四月就不能有梅雨，至于江南五月的梅雨只是更典型罢了。基于这样的逻辑，他得出结论："是知梅雨时候，所至早晚不同。"

如果，我们把陈岩肖笔下的"梅雨"替换为"我国春夏季主要降雨带"，那么他对这种由南向北推移的降雨带的认识，无疑是超前的。

今天，我们知道典型的"梅雨锋"降水范围并不包括四川盆地，受其影响的北界在淮河流域一带，南界可以到达福州至衡阳一线。这在古诗里也有反映，"江潭四月熟梅天，顷刻阴晴递变迁"[1]，这首诗是宋代理学家张栻迁居湖南衡阳所作，衡阳地理位置偏南，故而农历四月的初夏就出现"熟梅天"。陆游在福建建宁（今福建建瓯）任官时也有诗云："霏微入户黄梅雨，磊落堆盘碧筒黍。"[2]诗中所述的黄梅雨出现

[1] [宋] 张栻:《南轩集》卷六《初夏偶书》，四库全书本。

[2] [宋] 陆游《建宁重五》，陆游著、钱仲联校注:《剑南诗稿校注》卷十一，上海古籍出版社，1985年。

时间在五月端午。

从古诗里可以发现，“梅雨”影响的北界可以越过淮河，甚至到更北。“暮涛凝雪长淮水，细雨飞梅五月天”[1]，在唐代宰相武元衡看来，淮河边“细雨飞梅”的天气与江南无甚差别。到了清代，诗人查慎行有《晚抵晏城次壁间韵》诗，晏城就在今天的山东齐河县，诗句中的“熟梅天爱偶然晴”，说明降雨带已从江淮北移至鲁西北平原一带。

综上可以发现古诗里的“梅雨”，从发生时间到影响地域，都超出了今天气象学经典的“梅雨锋”降水所影响的时空范围。那么，是不是杜甫、柳宗元和查慎行等人搞错了呢？

其实，我们大可换个角度来理解这个问题。在抽离诗意渲染与感性抒发后，诗人们笔下的梅雨，可以看作是一种复合型的“物候特征”。每年春夏之交，在我国东部主要季风区陆续同步出现梅子黄熟和雨季来临的物候现象，并且由南向北同步推移，节律特征十分明显。诗人们敏锐地捕捉到了这种自然现象，将其提炼、概括为梅雨，并引入文学创作，随着其文学内涵的不断丰富，便形成了具有美学特征或“诗意化”的文学意象。

[1] ［唐］武元衡《渡淮》，《全唐诗》卷三百十六，中华书局，1980 年。

南宋李嵩，《西湖图》，上海博物馆藏

二、绘画与西湖的“气象景观”

“未能抛得杭州去，一半勾留是此湖。”[1]

西湖从唐代起就是知名的风景区。南宋迁都杭州后，西湖已发展成四时朝暮、阴晴雪月无不宜游的风景胜地。在游西湖的群体中，既有帝王将相也有平民百姓。宋高宗赵构就非常热衷于游览西湖，在其禅位宋孝宗之后，游西湖成为高宗晚年生活的重要内容之一。南宋的文人雅士也常流连于西湖山水，西湖的秀丽风景激发了他们的创作灵感，而他们的生花妙笔更是给西湖平添了几分风韵。南宋爱国诗人陆游客居杭州时多次畅游西湖，写就有关西湖的诗作多达数十首。

人们常说风景如画，可见美景与画境有共通之处。南宋

[1] [唐] 白居易《春题湖上》，《全唐诗》卷四百四十六，中华书局，1980 年。

画家如刘松年、李嵩、马麟、陈清波、叶肖岩等人时常以西湖为题，创作山水画。画家们凭借独特的审美能力，从西湖风景中选取十个最有代表性的景观加以描绘渲染，提炼出西湖之美的精华。南宋吴自牧在《梦粱录》中说：“近者画家称湖山四时景色最奇者有十，曰：苏堤春晓、曲院荷风、平湖秋月、断桥残雪、柳岸闻莺、花港观鱼、雷峰落照、两峰插云、南屏晚钟、三潭印月。”[1]这就是后世闻名遐迩的西湖十景，流传至今已经有七百余年的历史。

从“因景入画”到“因画名景”，西湖十景不仅成为经典的游赏景观，更上升为一种文化审美境界。

可惜，由于年代久远，当时的画作大多数已经散佚，如今能见到的只有南宋叶肖岩的《西湖十景图》画册。该册以西

[1] ［宋］吴自牧：《梦粱录》卷十二《西湖》，商务印书馆，1939 年。

南宋叶肖岩，《西湖十景图》，台北故宫博物院藏

湖十景为题，画中峭峰壁立、山石险峻，与西湖周边的地形特征不符，显然并非完全写实。但其立意构景颇有巧思，将西湖的地标性建筑如雷峰宝塔、白堤断桥、三潭石塔、清波城门等巧妙地融入山水景致中，使整个画面显得格外清雅秀润。与南宋时期其他绘画大家的西湖十景图相比，叶肖岩的《西湖十景图》可能在艺术水准上并未臻于巅峰，但该册页是目前

得见的最早、最完整的《西湖十景图》，在我国传统绘画艺术史上具有特殊意义。

在叶肖岩的《西湖十景图》中，气象与风景的组合构成已经初见端倪，如红日、秋月、云雾、冰雪、霞光等气象现象皆可以造景、构景，并具有较高的观赏价值。

西湖十景肇始于宋代，其景观构成和审美欣赏与绘画有着密切的关系，因此，从绘画理论入手可以较好地解析西湖风景中的气象元素。

中国山水画历来讲求“外师造化，中得心源”[1]。所谓“外师造化”即是以“造化”为师，向自然学习。北宋画家郭熙在绘画理论《林泉高致集》一书中，曾经严肃地号召山水画家向“真山水”学习。

郭熙特别重视季节变化，并总结了山水绘画的季节特质：“春山烟云绵联人欣欣，夏山嘉木繁阴人坦坦，秋山明净摇落人肃肃，冬山昏霾翳塞人寂寂。”[2]山水画中常出现的云气、山岚也有四季差异：“春融怡，夏蓊郁，秋疏薄，冬黯淡。”[3]简单说来，郭熙主张随着自然季节更迭，画意也当有所不同。优美的风景本身能体现出这种变化的特质，优秀的绘画作品也应该展现出不同的季节特质，通过风景、绘画向观赏者传递季节变化的讯息，进而感染人的心理情绪，这即是“中得心源”的体现之一。

杭州地处我国亚热带季风气候区，四季分明，在西湖十景中就有五个典型的季节性景观。

“苏堤春晓”素有“十里长堤跨六桥，一株杨柳一株

❶［唐］张彦远：《历代名画记》卷十《唐朝下》，四库全书本。

❷［宋］郭熙：《林泉高致集·山水训》，文渊阁四库全书本。

❸［宋］郭熙：《林泉高致集·山水训》，文渊阁四库全书本。

宋代佚名，《西湖春晓图》，故宫博物院藏

桃”[1]之说，还有风吹绿柳浪、自在黄莺鸣的“柳浪闻莺”，展现的都是典型的春季物候特征。观赏者体会着万物萌动的勃勃生机，自然有“欣欣然”之感。“曲院风荷”以荷花、睡莲等植物为主景，辅以夏日熏风和曲折庭院，营造“接天莲叶无穷碧，映日荷花别样红”[2]的意境，让人充分感受到夏季的丰盈明艳。平湖秋月展现的是秋月当空，月光与湖水交相辉映的景象，并不宽阔的西湖，借助秋高气爽的季节特性，颇有“一色湖光万顷秋”[3]的疏朗清肃之美。每当瑞雪初霁，从宝石山上眺望西湖银装素裹，而断桥的拱面在阳光下冰雪消融，皑皑白雪与灰褐色桥面形成反差，远望似断非断，便形成“断桥残雪”，这是典型的冬季景观。

其实，整个西湖风景区的季节属性都很突出，季节变化会产生自然差异，表现出不同的物候进程，地貌景观也会产生时序性变化。“春则花柳争妍，夏则荷榴竞放，秋则桂子飘

[1] ［清］王梦吉：《济公全传》第九回《赵文会西湖访济公·醉禅师西湖盗灵符》。

[2] ［宋］杨万里《晓出净慈送林子方》，《诚斋集》卷二十三，四库全书本。

[3] ［宋］孙锐《四景图·平湖秋月》，《全宋诗》卷三六二。

清代董邦达，《柳浪闻莺御题》，台北故宫博物院藏

香，冬则梅花破玉、瑞雪飞瑶。四时之景不同，而赏心乐事者，亦无穷矣。”[1]随着季节交替，植物色彩变换，都融入造景者的再创作之中，形成了西湖风景的“季相美”。

除了季节因素，天气条件在风景构成中也发挥着重要作

[1] [宋] 吴自牧:《梦粱录》卷十二《西湖》，商务印书馆，1939 年。

南宋李唐，《坐石看云图》，台北故宫博物院藏

用。郭熙曾说“山无云则不秀”，“山无烟云，如春无花草”[1]。在宋人的山水画作中，云雾常常是重要的构图要素。高居翰在《中国绘画史》中曾言及宋代山水画：“云雾在山峰之间无边无际地飘流着，超越了图画的界限，飘流出画外……它把幻想遥引出画面，因此暗指了画面以外的整个世界。”[2]云雾为欣赏者打开恣意想象的空间，甚至和精神世界相联系，使观赏经验染上神秘气息。西湖十景中的“双峰插云”，很好地借鉴了这一构景理念。在云雾缭绕的气象条件下，南、北高峰遥相对峙、时隐时现，远望若仙境一般，不禁让人浮想联翩。

清人汤贻汾在《画筌析览》中还说：“风雨雪月，烟雾云

❶［宋］郭熙：《林泉高致集·山水训》，文渊阁四库全书本。

❷［美国］高居翰著、李渝译：《中国绘画史》，雄狮美术出版社，1997年。

霞，景之不同者也。景则由时而现，时则因景可知。”[1]由此可知，山水风景会因气象条件的不同，组合出多种意态之美，大大丰富人们的视觉感受。

对于西湖而言，无论是晴天还是雨天，其风景之美都别有韵味。正如苏轼所道：“水光潋滟晴方好，山色空蒙雨亦奇。若把西湖比西子，淡妆浓抹总相宜。”[2]后世还有“晴湖不如雨湖，雨湖不如月湖，月湖不如雪湖”之说，可见晴雨霜雪等气象条件不仅使西湖之美富于变化、引人遐思，也为西湖美景进一步“梳妆打扮”，使之更具魅力。

西湖十景的每一景还具有特定的构景要素，其中就包括季节、与季节相对应的物候，昼夜晨昏以及特定的气象条件。

从季节要素看，苏堤春晓和柳浪闻莺为春景、曲院风荷为夏景、平湖秋月为秋景、断桥残雪为冬景。从观赏时辰看，苏堤春晓为晨景，曲院风荷、断桥残雪、柳浪闻莺、花港观鱼、双峰插云为昼景，雷峰夕照和南屏晚钟为昏景，平湖秋月和三潭印月为夜景。从气象要素看，双峰插云为云雾景、断桥残雪为雪景、曲院风荷为“风”景、平湖秋月和三潭印月为月景、雷峰夕照为日景。此外这些风景的最佳欣赏时间也有不

[1] ［清］汤贻汾：《画筌析览·论时景第五》。

[2] ［宋］苏轼《饮湖上初晴后雨·其二》，苏轼撰、［清］王文诰辑注：《苏轼诗集》卷九，中华书局，1982年。

同，苏堤春晓、柳浪闻莺、平湖秋月、三潭印月和断桥残雪五景在晴好天气时最佳；雷峰夕照、南屏晚钟二景则是在有晚霞时最佳。

上述不同类别的构景要素还需要具备一定的空间结构与层次关系，以实现构景效果的最优化。近景往往是直接作用或投影在湖面、水面上，如三潭印月中的三座石塔，曲院风荷中的荷花，就在西湖湖面上。中景多由围绕在湖边的建筑物或园林要素构成，如曲院风荷中的曲院，断桥残雪中的断桥。远景多借助云雾、雨雪、山峦、日月等组成，如双峰插云中的白云、雷峰夕照中的落日等。

可以说，西湖的美已经将建筑与园林的艺术之美融进了西湖得天独厚的自然环境中，最终体现出的是自然美与人文美的高度和谐统一。

不同于山水、建筑、园林那种直观的质感，气象景观具有难以触摸、瞬息万变的特点。这种独特的神秘性和感染力在一定程度内恰好可以满足人们的某种心理需求，为观赏者提供了一个可以自由想象、独自解读的精神空间。因此，气象景观在风景构成上常常具有不可替代的作用。

三、消失的屏风

屏风之名最早见于春秋时期，据《史记》记载：“孟尝君待客坐语，而屏风后常有侍史，主记君所与客语。”[1]到了汉代，许多人家都架设屏风，使其成为一种时尚。当时的屏风多以木板上漆，加以彩绘。1972年在长沙马王堆出土的漆屏风，是现在能见到的比较早的古代屏风实物，上面绘有彩色的“神龙”。纸张发明后，屏风多用纸糊，并绘有仙人异兽等图像。

屏风在古代居室内常处在核心的位置，是我国传统建筑内部装饰的重要组成部分之一。到了现代，屏风仍然是重要的室内家具之一，它既可以按照需要分割室内空间，通过遮挡视线形成私密空间，也可以屏风精美的工艺和绘图来装饰居室。此外，屏风还满足了人们“背有靠山”的心理需求。

其实，屏风最早的功用并非如此。所谓屏风，顾名思义，即是屏障风吹。汉代刘熙编写了一部专门探求事物名源的字书——《释名》，书中说“屏风，言可以屏障风也”[2]。东汉文学家李尤在《屏风铭》中说“壅阏风邪，雾露是抗”[3]，这是

❶［汉］司马迁：《史记》卷七十五《孟尝君列传》，四库全书本。

❷［汉］刘熙：《释名》卷六《释床帐》，四库全书本。

❸［汉］李尤《屏风铭》，［明］梅鼎祚：《东汉文纪》卷十四，四库全书本。

南宋刘松年，《山馆读书图》，堂前障门的屏风，故宫博物院藏

说屏风可以阻塞或遮蔽风邪，将雾气露水等拒之于外。南宋洪迈在《夷坚志》中说，宋人在房中洗浴，要在门外临时安设屏风，以防止赤身洗浴时“为隙风所搏”[1]。可见，挡风是屏风产生的基本动因。

古代建筑以木构架结构为主，空间跨度较大，墙上又多门窗，整体密闭性较差，有时为了防潮还要加强室内通风，这使得室内空气流动性较强。特别是当气温降低以后，有冷风直接吹到身体上很不舒适，古人为了挡风，就设计制造了屏风。

早期的屏风多被放置在床榻周围。《汉书》中记载，西汉时御史大夫陈万年卧病在床教训儿子陈咸，结果“（陈）咸睡，头触屏风”[2]。人在睡眠时身体抵抗能力下降，容易受到外界的侵害，其中尤以“风邪”为最。传统中医认为“风者，百病之长也”[3]，是外感病邪的先导，且风邪具有“善行而数

❶［宋］洪迈：《夷坚志·三志壬》卷一《吴仲权郎中》，四库全书本。

❷［汉］班固：《汉书》卷六十六《陈万年传》。

❸［唐］王冰注、［宋］林亿等校正：《黄帝内经素问》卷六《玉机真藏论篇第十九》，四库全书本。

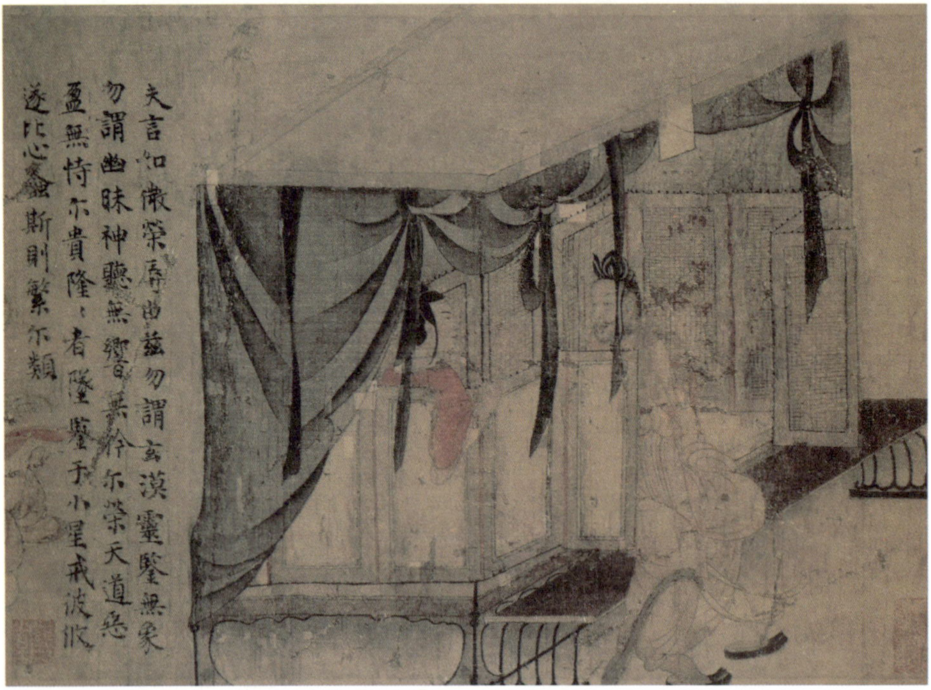

东晋顾恺之，《女史箴图》（唐摹本，局部），大英博物馆藏

变”的特点。因此，古人用屏风围于床榻四周，既可以阻挡风邪的侵袭，也能遮蔽光线以减少对睡眠的干扰。东晋顾恺之《女史箴图》中可以清晰看到这种床屏风的使用原貌。在床榻上设置折叠屏风进行围合，前面留有活屏可供上下进出。屏风与床榻结合牢固，人可以依靠，同时与帷帐结合使用，遮蔽、挡风的作用非常突出。

设置在坐榻、茵席周边的屏风，因为经常使用需要反复拆装，多是小型屏风。这类屏风一般分为数扇，屏框间用钮连接，人坐其间，将屏风打开，周围各立一扇。在顾恺之的《列女仁智图》中还可以看到当时使用屏风的情景。图中屏风为三扇，描绘通景山水。这种三扇屏风，无须另外安装底座，只需打开一扇，便可直立。在画面左下角的烛台还有一个“迷你型”的三面小屏风，当是防止风吹熄烛火的“灯屏风”。画

东晋顾恺之，《列女仁智图》（宋摹本，局部），座屏风及小小的灯屏风，故宫博物院藏

中的屏风内侧绘有通景山水，用料考究、工艺精美。但这样昂贵的屏风并非人人能用，晋代广州刺史吴隐之早年家境贫寒，就只能用竹篾编成篷来充当屏风，完全是发挥其屏“风”的务实作用，并不具备审美价值。

大约在唐代已经出现一种小巧的枕前屏风，被称为“枕屏”或“枕障”。李白《巫山枕障》诗便对这种屏风进行歌咏：“巫山枕障画高丘，白帝城边树色秋。朝云夜入无行处，巴水横天更不流。”[1]到了北宋，欧阳修在《书素屏》诗中说：“我行三千里，何物与我亲。念此尺素屏，曾不离我身……开屏置床头，辗转夜向晨。卧听穹庐外，北风驱雪云。”[2]可见这种安放于床头的枕屏是可以折叠起来随身携带的。

北宋画家王冼的《绣栊晓镜图》中，还能看到女主人早起后，尚留在床头的枕屏。从图中可见，枕屏长度接近床榻宽

❶［唐］李白《巫山枕障》，《全唐诗》卷一百八十三，中华书局，1980 年。

❷［宋］欧阳修《书素屏》，《全宋诗》卷二六四。

北宋王冼，《绣栊晓镜图》，台北故宫博物院藏

度，高度不高，正好安放在床头挡风。宋画《荷亭儿戏图》中绘有枕屏挡在儿童午睡的床头，《槐荫消夏图》中还有更大一些的山水枕屏竖立在紧贴床头的地上。

除了枕屏，宋代还出现了一种专门与砚台相匹配的小型屏风——“砚屏”。赵希鹄在《洞天清录》中说：“自东坡、山谷始作砚屏。”[1]砚台在使用过程中，里面的墨水容易反射日光或烛光，影响视觉。同时风能加速水分蒸发，使墨汁很快变干，砚屏的发明可以确保墨的湿润状态并防止随风而来的尘

[1] ［宋］赵希鹄：《洞天清录·山谷乌石研·砚屏辩》，四库全书本。

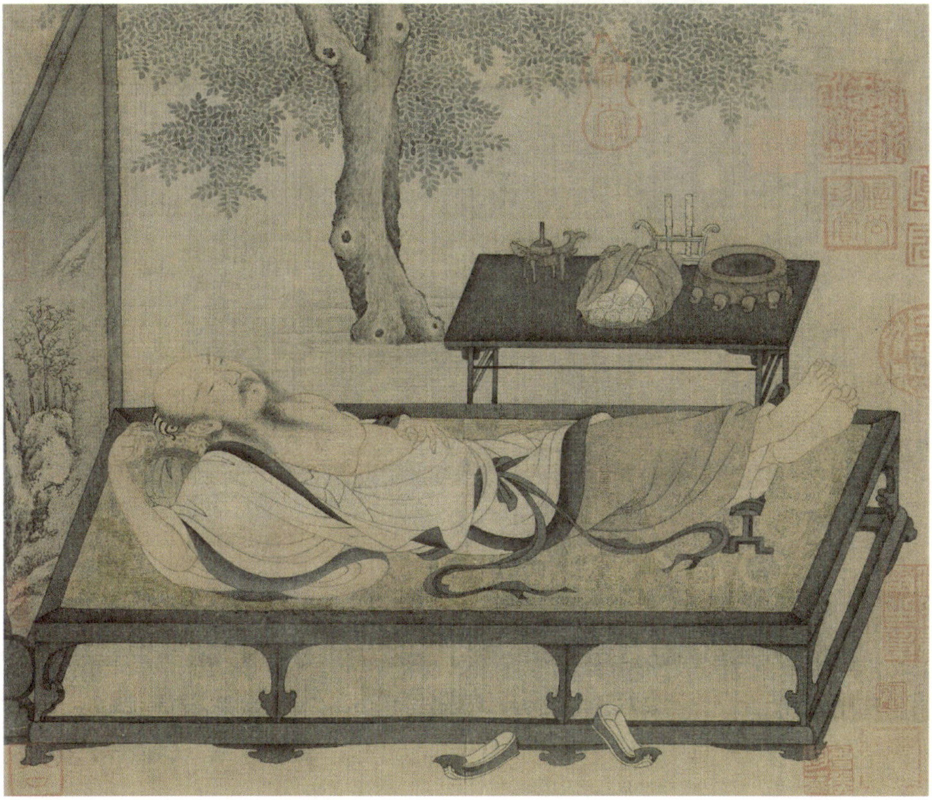

南宋佚名，《槐荫消夏图》，故宫博物院藏

土污染墨汁，可谓一举多得。

除了这些小型屏风之外，屏风还可以造得很大。大型屏风除了能改善居住环境，也能彰显户主人的地位与权势，因此深受统治阶层的喜爱。安放在室内的大型屏风位置相对固定，它会在宫室内部形成屏障一般的矮墙，古人称之为“萧墙”，成语“祸起萧墙”就是由此而来。这种大型屏风样式宽大，必须有较重的竖向木座支撑，否则不能直立。由于其陈设位置相对固定，又被称作“树”，正如《尔雅·释宫》中

五代周文矩，《合乐图》（局部），室外大型屏风，美国芝加哥艺术学院藏

说：“屏，谓之树。”

还有一种大型的户外屏风，专为挡门之用，故而被称为“塞门”。古代建筑中的门为“气口”，气流从门进入，有了屏风的阻挡，气流就要绕行于其四周，减缓速度，古人认为这样能辟邪纳福。这种想法虽落于风水的窠臼，实质仍是屏蔽风邪，避免风损伤身体。

户外大型屏风的式样从固定式也逐渐发展出活动式，乃至多单元折叠式。五代后蜀国主孟知祥命人做屏风七十扇，用活动钮连接起来，可以随意施展，并常用于寝所，被当时的人称作“屏宫”[1]。古画《合乐图》中，除大型屏风外，主人坐榻周围还有一圈稍小的屏风，如此双重屏风的使用，除了礼仪需要更多的还是发挥其遮挡风尘的作用。

随着建筑技术的演进发展，建筑空间的密闭性不断增强，建筑结构的功能性不断完善，屏风的功用也在发生变化。特别是许多书画家都喜欢在屏风上作画题字，五代时期周文矩

[1] ［宋］陶穀：《清异录》卷下《屏宫》，四库全书本。

南宋刘松年，《罗汉图》，台北故宫博物院藏

的《重屏会棋图》就是将绘画艺术应用在屏风上的最早实例之一，南宋刘松年的《罗汉图》等也对屏风上的绘画语言有着清晰展现，这使得屏风逐渐成了供人欣赏的艺术品。

宋孝宗干脆直接在屏风上绘制全国行政图，标识每个州府官员姓名及薪俸数额，便于考核政绩。这样的屏风倒有些类似于今天“挂图作战”或“沙盘指挥”的意味，至于屏风本来用于挡风的实用功能则逐渐弱化了。

四、南宋建筑的气候适应性

南宋定都于临安，新生的南宋王朝在适应新的气候环境方面，有很多地方值得探究。其中，气候与南宋建筑的特色和创新之处有较为密切的联系。但是由于种种原因，南宋建筑实物遗存相对较少。不过，借助传世的宋代绘画作品，特别是以楼阁、宫室、台榭、屋宇等建筑物为主要描绘对象的“界画”，使我们能有机会了解南宋时期的建筑。

从汉代画像石到北宋绘画，建筑物的窗大多是固定在墙面中间的直棂窗，既不便开闭，又要加帘幕才能遮风挡雨。在

南宋马远，《华灯侍宴图》（局部），台北故宫博物院藏

南宋的绘画中，建筑物中的直棂窗或者夯土墙壁较少见到，取而代之的则是从屋檐到地面、包裹建筑外立面的木质格窗。这种格窗在宫廷画家的作品中大量地出现，特别是在宋光宗（1189—1194）、宋宁宗（1194—1224）两朝大为盛行。

马远是南宋著名宫廷画家，擅长楼阁界画，喜作边角小景，世称“马一角”。马远的《华灯侍宴图》再现了宋宁宗时期宫廷晚宴的情景。画中完整展现了南宋宫苑中大型建筑的正面形象，可以清晰地看到从建筑台基边缘到屋檐之下装满格子长窗，仅在房屋正面中间卸去部分格窗以利于通风采光，也为室内饮宴的人们留出随时可以欣赏室外风光的视野。

宋代佚名，《仙馆秾花图》，台北故宫博物院藏

宋画《仙馆秾花图》描绘的是夏季宫苑或贵族府邸的一角，在对建筑的近距离描绘中，可以见到更加清晰的格窗细节。格窗是一种便于拆装的轻型外装修，一般分为内、外两层，外层掩盖檐下的斗拱与额枋，使整体建筑外观显得简洁大方，里层设在额枋之下直至地面，代替房屋四面原有的夯土墙和直棂窗。这种墙窗合一、随时装卸的格窗，具有较好的控温、采光和通风性能。炎夏时节，人们拆去大部分格窗，增加通风面积，便于散热，房屋变成了凉堂。格窗上沿加挂卷起的帘幕，正午光线强烈时可以放下遮光，夜晚凉风侵袭时也能挡风。

《四景山水图》是画院待诏刘松年的代表作品之一，分别描绘了四季中西湖山水之间的楼阁建筑。这些建筑大多依山临水，以平远的形式来表现，可行、可望的因素未必少，可居、可游的色彩却更浓，使建筑本身也能体现出文人士大夫怡然自足的生活理想。《四景山水图》记录了格窗在一年四季中的安装和拆卸全过程。

在冬景图中，除了正房屋门都装上内外两重格窗，格窗裱糊窗纸，窗内加挂帘幕，将建筑严密包围起来，以抵御冬季严寒。春季天气转暖，建筑外层的格窗已经拆除，内层格窗则部分保留。到了炎热的夏季，主人拆去内外两层格窗，极大增加了通风散热面积，使延伸到湖中的建筑变身为凉堂。与春景图类似，秋景图中建筑外部的两重格窗，也是拆除一部分、保留一部分。

此外，陈清波的《湖山春晓图》、李嵩的《月夜看潮图》、燕文贵的《层楼春眺图》、马远的《寒林楼观图》和《雕台望云图》、马麟的《秉

南宋刘松年，《四景山水图》，冬景、春景、夏景、秋景，故宫博物院藏

南宋马麟，《秉烛夜游图》，台北故宫博物院藏

烛夜游图》等绘画作品中都绘有格窗，这背后受气候因素的影响较为明显。

我国幅员辽阔、气候多样，各地的建筑各有特色，但只有建筑结构与气候条件相适应，才能形成舒适的居住环境。杭州具有春多雨、夏湿热、秋气爽、冬湿冷的气候特征，特别是由于冬、夏季风的极端性，常导致在冬季出现寒冷天气，夏季出现酷热天气。

例如，绍熙二年（1191）正月，“行都大雪积冱，河冰厚尺余，寒甚”[1]。再如，绍兴五年（1135）五月，“大燠四十余日，草木焦槁，山石灼人，暍死者甚众”[2]。从中原地区南渡而来的皇室贵族对于杭州这种夏季酷热、冬季湿冷的气候，一时之间很难适应。格窗的产生，正是宋人对杭州气候的适应方式之一，故而盛行于宫苑和贵邸。

❶［元］脱脱等：《宋史》卷六十二《五行一下》，中华书局，2000年。

❷［元］脱脱等：《宋史》卷六十三《五行二上》，中华书局，2000年。

南宋刘松年，《秋窗读易图》，辽宁省博物馆藏

然而，格窗较为频繁的安装与拆卸并不方便，在南宋绘画中还有几种改进型格窗。有将其一分为三，上下固定，中间翻起的，如佚名所绘的《水阁泉声图》；有将长窗改为半墙半窗的，如刘松年的《秋窗读易图》等。

南宋绘画中格窗与长廊相互结合，从而形成了既可封闭、又能开放的特殊长廊，也颇具特色。这在《四景山水图》的冬景图中已经出现，三间主要建筑就是由曲尺形的回廊连通，回廊外部都用格窗包裹起来，以增强建筑整体的保温性。

在南宋统治者喜好的影响下，画家们开创了一种以“秀丽的园林景观”为主题的庭院界画，追求“以诗入画”的意境。图写苏轼《海棠》诗“只恐夜深花睡去，故烧高烛照红妆”[1]的《秉烛夜游图》，就是其中代表之作。画里高耸的“攒尖顶”殿堂和横贯而过的格子窗长廊，让人印象深刻。

[1] ［宋］苏轼《海棠》，苏轼撰、［清］王文诰辑注：《苏轼诗集》卷二十二，中华书局，1982年。

南宋马麟，《楼台夜月图》，上海博物馆藏

这座重檐六角攒尖顶殿堂左右两侧，皆是不见首尾的曲折长廊，廊与亭的外立面安装着落地格窗。海棠花开时节，面向花园一侧的六角亭和右侧长廊的格窗已经拆除大半，留出观赏视角，亭中的白衣高士正可秉烛夜游赏花。这种由格窗封闭廊与亭的做法，在南宋以前很少见，可谓我国古代园林建筑的创举，而《秉烛夜游图》正是反映了这消失已久、而今罕有的情景。

廊虽非南宋人首创，但是江南地区多雨的气候特点，使得南宋建筑中长廊变得更加普遍而多样，即便是雨雪天气也不必打伞、鞋袜不湿，让行人不受淋漓之苦，夏日也能避开骄阳暴晒。马麟的《楼台夜月图》仍是截取楼台亭廊的一角，画面左下角有一条颇有特色的长廊是沿着山坡升降的爬山廊，连接起低处的景亭和高处的楼台。

南宋马远，《踏歌图》，故宫博物院藏

马远《踏歌图》中也有一段爬山廊。在雨后天晴的临安郊区，耸立着一座山峰，山腰处环绕一段爬山廊，首尾皆隐去不见，弧形的廊身盘旋而上，在立体的空间内伸展开来，“绕”的特点很明显。这种爬山廊实际上是栈道与廊屋的新式组合，既满足登山时避雨遮阳的实用功能，又勾连路亭、屋宇，进一步丰富了宋代建筑的形制和功能。

同样是《踏歌图》中，在山脚松林之间的小山谷里，还有一座廊桥，桥身横跨溪谷，又略向上爬升，兼有“跨”的特点。廊桥是在桥上建屋而形成的特殊桥梁，集山、水、屋、桥于一体，桥屋灰瓦飞檐，既美观又实用。廊桥也称风雨桥，它们既是交通枢纽，也可供行人歇足、暂避风雨，乃至构成新的公共交往空间。

《踏歌图》中的爬山廊和廊桥，虽然不如《秉烛夜游图》和《楼台夜月图》中的长廊华丽精美，廊柱间也没有可以根据气候冷暖能随时拆装的格窗，仅仅是山村中的公用长廊，但是实用价值却更高，更富有人性化的设计理念，堪称南宋时期公共设施领域的创举。而从南宋建筑中的格窗与气候的相互协调与适应情况看，它再次向我们展示和验证了古人“天人合一”的自然观和生活状态。

五、天人之间：《清明上河图》里的智慧

国宝级文物《清明上河图》是我国十大传世名画之一。据考证，《清明上河图》描绘的是汴京（今河南开封）东角子门内外和汴河两岸的景象。在宽 24.8 厘米、长 528 厘米的画幅中，画家张择端生动地再现了 12 世纪初期北宋都城汴京城繁华热闹的城市生活景象。

张择端采用传统的手卷形式，以“散点透视法”组织画面，形成鸟瞰式的全景构图，这幅长卷繁而不乱、严密紧凑、一气呵成。不同于一般的界画作品，《清明上河图》以工笔写成，凡城楼、街道、桥梁、房屋等均极为写实，为后世了解北宋的城市空间、建筑形式、桥梁工艺等提供了珍贵的历史图景，堪称宋代版的“超级城市巡礼”。

绿柳婆娑汴水边

北宋时期，汴水呈东西向横穿汴京城，属于南北大运河的中段的一部分，水运交通极为繁忙。《宋史·河渠三》记载，“岁漕江、淮、湖、浙米数百万，及至东南之产，百物众宝，不

可胜计”[1]。由此可见，汴河是当时北宋都城城市供给、商贸经济往来的交通命脉。

我们已经无从查考当年的张择端到底用了多长时间绘制《清明上河图》，但他必定曾经无数次来到汴河岸边观察、写生。我们通过《清明上河图》，可以看到汴河岸边生长着大量的柳树，“碧玉妆成一树高，万条垂下绿丝绦”[2]，这些成荫绿柳，婆娑起舞，不仅可以供河工、纤夫等劳动人民乘凉休憩，更是汴京市民百姓游春赏景的绝佳去处。历史上，我国有种柳护堤的传统，隋炀帝开凿大运河、疏浚通济渠时，就在河堤两岸种植柳树。北宋初年，宋太祖赵匡胤专门下诏书，要求“缘汴河州县长吏，常以春首课民夹岸植榆柳，以固堤防”[3]。从此以后，在汴河两岸种植榆柳巩固堤防，便成惯例。

《清明上河图》中，张择端绘有树木 170 余棵，大部分是汴河岸边的柳树。待这些护堤柳长到一定粗细和高度以后，就有专人将树冠截去，仅留主干，柔细的枝条从主干中重新长出。这种修剪柳树的方式一直沿用千年，时至今日，园林绿化中依旧使用此古法。之所以要修剪固堤的柳树，是为了防

[1] [元] 脱脱等:《宋史》卷九十三《河渠三·汴河上》，中华书局，2000 年。

[2] [唐] 贺知章《咏柳》，《全唐诗》卷一百一十二，中华书局，1980 年。

[3] [元] 脱脱等:《宋史》卷九十三《河渠三·汴河上》，中华书局，2000 年。

止强风摇动树冠，致使堤土松动破碎，破坏堤岸。修剪下来的柳枝也有用处，它们可以用来捆“埽”——利用树枝、秫秸等捆扎而成的治河器具，供河堤溃决时堵口之用。

东南财利走舟船

“楚柂吴樯万里舡，桥南桥北好风烟。”[1]在汴河的水面上，画家形象直观地描绘了多视角下运行中的船舶，一共 24 艘，其中货船 14 艘、客船 10 艘，为后世留下了反映宋代古船形制、结构、布置、属具、操驾等诸多船舶科技的图样。

汴河上的客船总体布置精当合用，两舷都有通风采光的方窗，顶棚建筑宽敞轻便，全船遍设客舱，尾部有向后延伸的虚梢，可以增加甲板和舱室的使用面积。货船从头到尾都是贯通的货舱，顶部的拱棚用木板钉成，不仅可以遮挡风雨而且坚固耐用，船身两舷开有货舱口，搭上跳板就可以方便地装卸货物。按照画中人物的身高、肩宽等同比例还原计算，汴河货船大约长 25 米、宽 5 米，吃水深度约 1.2 米，排水量约为 86 吨，载重量可达 50 余吨。

除了船体结构，画家还详细地描绘了船上的各种属具，

[1] [金] 张公药题跋《清明上河图》诗句。

北宋张择端，《清明上河图》，故宫博物院藏

包括供拉纤用的“人字”桅杆、牵绳，作为推进工具的竹篙，需要6至8人操作的大橹，以及安装在船尾的平衡舵和舵的升降绞车等。

在《清明上河图》中，无论是货船还是客船，都装有庞大而突出的悬吊式平衡舵。这种船舶的舵叶大多以坚木拼接、木桁条纵向加固而成，尽管它的面积很大，但在升降绞车的辅助下依然具有良好的操纵性，可以自由升降。在浅水域，船

工们把舵升起，用橹操纵航向；在深水域，再把舵降到船底之下，从而提高舵效和航向的稳定性。

宣和六年（1124），北宋使臣徐兢曾出使高丽，这个时间与张择端创作完成《清明上河图》几乎相同。在《宣和奉使高丽图经》中，徐兢记载："（船舶）后有正柂，大小二等，随水浅深更易。"[1]这一记载表明，北宋的船舵还可以更换，船舶尾舵即"正柂"，分为大小两种。根据不同的水深和用途，

[1]［宋］徐兢：《宣和奉使高丽图经》卷三十四《客舟》，四库全书本。

北宋张择端，《清明上河图》（局部），漕船后部的船舵

可将大舵换成小舵，或将小舵换成大舵。这个绘画与文献相互印证的案例表明，北宋时期我国的船舵技术，已经达到相当高的水平。

振翼白鹤汴京风

顺着汴河的船只，我们将目光投向全画的中心所在——虹桥，虹桥是宋人设计、制造的一座木拱桥，因宛如飞虹而得名。桥上行人熙熙攘攘，桥下船只往来穿梭，就在桥两端立有木柱四根，其中有两根木柱的顶端还很完整，其上有木质白鹤振翼欲飞，有研究认为这正是宋代的测风仪。

宋代船运以风帆为主要动力，因此人们对风力、风向变化十分关注。北宋李廌《师友谈记》记载："蒋颖叔之为江淮发运也……谙知风水。尝于所居公署前，立一旗曰占风旗，使人日候之，置籍焉。令诸漕纲日程亦各记风之便逆……每有运至，取其日程历以合之，责其稽缓者，纲吏畏服。"[1]这个事例是说，负责漕运事务的官员蒋颖叔曾在办公场所竖立了一杆测风旗，并命人每天观测、记录风的变化情况。同时，他还要求具体负责漕运的人员也要做类似的观测和记录，并作为

[1] [宋] 李廌：《师友谈记》，四库全书本。

北宋张择端，《清明上河图》（局部），画中木柱顶端可能是兼有装饰作用的测风仪

宋代佚名，《江帆山市图》，台北故宫博物院藏

考核漕船是否按期抵达的依据之一。由此可见，测风与当时的漕运具有密切关系。

徐兢在《宣和奉使高丽图经》中也曾记载，当时的帆船对风的利用程度很高，“风有八面，唯当头不可行”[1]，除了当头风以外，皆可驭风航行。为掌握风的变化，船舶还“立竿以鸟羽候风所向，谓之五两”。这种鸟羽候风器重约五两，除了可以观测风向，还能从羽片平飘状态来测定风力大小。汴河在北宋是漕运的主通道，虹桥横跨汴河，毗邻汴京码头，舟船云集，虹桥两岸空阔平敞，虹桥两边立木柱置白鹤测风仪，正有利于测风，为航行者指示风向。

❶［宋］徐兢：《宣和奉使高丽图经》卷三十四《客舟》，四库全书本。

画桥虹卧真堪传

虹桥，这座规模宏敞的桥梁，正名为“上土桥”，是汴京城外水陆交通要冲。“虹桥抢险”是张择端在画卷中刻意安排的一处紧张情节。一艘紧急调头的大船正在穿过虹桥桥洞，画中众人拨篙弄杆、抛绳扳舵，惊恐紧张的气氛，险象环生的场景，令人拍案叫绝。如果虹桥设有桥墩，而这艘船又迎头撞上的话，船与桥的后果都不堪设想。

事实上，在宋代汴河之上的水上交通事故并不罕见。由于水流、风力等自然因素和人为疏忽等原因，“桥柱坏舟”的事情屡屡发生，这也成了北宋君臣奏对时需关心的政事之一。《续资治通鉴长编》记载，天禧元年（1017）内殿承制魏化基曾向宋真宗进言：“因桥柱坏舟，遂献无脚桥式，编木为之，钉贯其中。”[1]魏化基所献的“无脚桥式”可能就是《清明上河图》中的“虹桥”，至于魏化基是否就是虹桥的发明者，则另有说法。

[1] [宋] 李焘：《续资治通鉴长编》卷八十九，《真宗·天禧元年》，四库全书本。

《渑水燕谈录》详细记载了虹桥的发明和建造过程：“青州城西南皆山，中贯洋水，限为二城。先时跨水植柱为桥，每至六七月间，山水暴涨，水与柱斗，率常坏桥，州以为患。明道

北宋张择端，《清明上河图》（局部），虹桥抢险情景

中，夏英公守青，思有以捍之。会得牢城废卒，有智思，叠巨石固其岸，取大木数十相贯，架为飞桥，无柱。至今五十余年，桥不坏。庆历中，陈希亮守宿，以汴桥坏，率尝损官舟害人，乃命法青州所作飞桥。至今汾、汴皆飞桥，为往来之利，俗曰虹桥。”[1]

这段话的大意是说，青州城外的洋水河中本有带桥墩的桥梁，但每当洪水暴涨，桥墩及桥梁常被冲毁，以至于成为青州一患。北宋明道年间（1032—1033），某位退休的监狱看守，用巨石堆砌坚固的桥台，把数十根大梁连接在一起，不用桥墩而以“飞桥”越过河上，该桥使用了50余年，从未损坏。到了庆历年间（1041—1048），主管漕运的官员陈希亮注意到汴河桥梁损坏，兼且桥柱经常毁坏漕船，伤及人命，于是他仿照青州的飞桥式样重新建桥，现在汾河、汴河上的桥都是这种样式，被人们称为“虹桥”。

从《续资治通鉴长编》记载来看，魏化基向宋真宗进献“无脚桥式”的时间为1017年，较《渑水燕谈录》的明道年间青州无名“牢城废卒”主持修建飞桥，要早上十几年。宋真宗曾要求魏化基与“八作司”营造此桥，无奈主管朝廷财

[1] ［宋］王辟之：《渑水燕谈录》卷八《事志》，四库全书本。

计的三司经过计算发现，“无脚桥”的造价远超普通桥梁，“所费功逾三倍”[1]，或许是出于性价比的考虑，皇帝不得不下旨“罢之”。由此可见，虹桥的发明早在宋真宗年间已经完成，并作为一种“技术储备”扩散开来，真正开始付诸实践则是在青州。

上述史料记载的“无脚桥”“飞桥”，与《清明上河图》描绘的这座造型独特、巨木虚架，犹如一弯长虹的汴河虹桥，正好相互印证。画卷里的虹桥，桥面宽阔坚固，能容几辆装满货物的畜力车并排行驶；桥身高大，能使汴河上往来行驶的大型漕船从容通过。

现代建筑、桥梁学家研究发现，汴河虹桥的设计结构精密，营造技艺极为巧妙科学。从《清明上河图》上看，虹桥是多角耸立、悬臂式的贯木拱桥，其主拱由两个系统组成。第一个系统为大约以 40 度角从两端桥台挑出的约十根大梁，以此负载一系列中央水平构建；第二个系统为大约以 55 度角从两端桥台挑出的约十根大梁，两个系统的大梁相互交叉，在桥拱的冠顶相连接，形成较大跨度的拱形结构。为了增强桥梁的整体稳定性，两个系统之间还设置了五处横梁，以此加

[1] [宋] 李焘：《续资治通鉴长编》卷八十九，《真宗·天禧元年》，四库全书本。

强其横向连接，共同承担拱上桥面建筑与行人车马传递下来的沉重荷载。

历史上，虹桥之所以受人赞誉，一方面是因为它可以不需河中心的桥墩——这些障碍物特别容易受到洪水的破坏且妨碍航运；另一方面是整座桥轻盈飘逸如彩虹垂地，桥身漆以朱红色，既美观醒目，又可防腐防虫，在实用与美学上达到完美融合，体现出我国古代桥梁建筑技术的高超水平。

繁华梦断画桥空，唯有悠悠汴水东。在桥下船舶的往来穿梭中，在桥上车马的拥挤喧嚣里，光阴流逝而去。从《清明上河图》中，我们不仅看到了历史的兴亡轮替，也重新认识了宋人那灿烂的文明与智慧。

第四章
阴阳互交争：天气之道

一、理分阴阳：朱熹的“气象观”

朱熹（1130—1200）是南宋著名的理学家、思想家、教育家和诗人，是唯一非孔子亲传弟子而享祀孔庙的十二哲者之一，后世尊称其为朱子。作为理学的集大成者，朱熹不仅于哲学思想等方面开宗立派，还在天气气候方面进行了深入的观察和思考，提出独具理学特色的“气象观”。

气与风

朱熹提出了类似大气圈的概念。他在《楚辞集注》中说：“自地之外，气之旋转，益远益大，益清益刚。”[1]这是说

[1] ［宋］朱熹：《楚辞集注》卷三《天问第三》，四库全书本。

明代郭诩，《朱子像》，私人藏

在地面之上有“气”在旋转，距离地面越远其范围越大、旋转速度越快。他又在《朱子语类》中说“风只如天相似，不住旋转。今此处无风，盖或旋在那边或悬在上面”[1]，无影无形的风在不停地流动旋转，风速有大有小，并非均一不变。

朱熹对高空风[2]也有所论述。“道家有高处有万里刚风之说，便是那里气清紧；低处则气浊，故缓散”[3]，显然他注意到风随垂直高度增高而变大这一情况。朱熹对这一现象还

❶［宋］黎靖德编、王星贤点校：《朱子语类》卷二《理气下》，中华书局，1986 年。

❷近地面层以上大气层中的风。

❸［宋］黎靖德编、王星贤点校：《朱子语类》卷二《理气下》，中华书局，1986 年。

北宋佚名《溪山风雨图》，上海博物馆藏

有切身体会，“想得高山更上去，立人不住了，那里气又紧故也”。虽然朱熹把高空大风归结为“气清紧”，低处风小是“气浊”，并不合理，但不管怎样，朱熹对风的认识在某些方面已经接近后世的气象科学认知。

朱熹曾在福建漳州和泉州为官五年，经过观察发现海边风力的日变化规律。“某旧在漳、泉验之，早间则风已生，到午而盛，午后则风力渐微，至晚则更无一点风色，未尝少差。”[1]他还运用类似“热力强迫”的理论，给出风速日变化的解释：“盖风随阳气生，日方升则阳气生，至午则阳气盛，午后则阳气微，故风亦随而盛衰。”[2]现代气象观测与研究表明，这是太阳辐射加热地面，地面持续受热增温后，会加热近地面大气，使对流或湍流发展，从而出现午后风速增大、早晚风速减弱的现象。显然，朱熹的这种解释是科学合理的，不足之处是似乎未发现海陆风在日夜间的转换。

[1] ［宋］黎靖德编、王星贤点校：《朱子语类》卷八十六《礼三》，中华书局，1986 年。

[2] ［宋］黎靖德编、王星贤点校：《朱子语类》卷八十六《礼三》，中华书局，1986 年。

龙与雨

降雨发生前总会有乌云翻滚、黑云压城的现象，朱熹认为这是因为“阴气正升，忽遇阳气，则助之飞腾而上为云也”[1]，这种解释已经接近“对流云”[2]这一概念。他认为雨在本质上是阴气，“凡雨者，皆是阴气盛，凝结得密，方湿润下降为雨”[3]。朱熹还用锅盖上凝结水滴的现象来进一步说明：“且如饭甑，盖得密了，气郁不通，四畔方有温汗。”[4]这倒与瓦特观察水蒸气顶开水壶盖，因此获得灵感改良蒸汽机有异曲同工之妙。

在宋代，人们仍然相信是龙这种传说中的神物在行云布雨，那么朱熹又是怎样解释龙和雨的关系呢？朱熹说：“龙，水物也。其出而与阳气交蒸，故能成雨。”[5]他将龙归结为“水物”，认为龙能兴雨，是水物与阳气相互作用的结果。可见朱熹并未否认龙的存在，这是其所处时代思想的局限性，但在当时能提出上述相对客观理性的解释，也不容易。

在朱熹之前，人们相信虹能止雨。朱熹则提出不同观点，他认为：“虹非能止雨也，而雨气至是已薄，亦是日色射散雨

[1] ［宋］黎靖德编、王星贤点校：《朱子语类》卷九十九《张子书二》，中华书局，1986 年。

[2] 由于大气对流运动，上升的暖气团温度不断降低，当达到凝结高度后，水汽凝结而形成的云，这种云多产生在夏季。

[3] ［宋］黎靖德编、王星贤点校：《朱子语类》卷七十《易六·小畜》，中华书局，1986 年。

[4] ［宋］黎靖德编、王星贤点校：《朱子语类》卷七十《易六·小畜》，中华书局，1986 年。

[5] ［宋］黎靖德编、王星贤点校：《朱子语类》卷二《理气下》，中华书局，1986 年。

南宋陈容，《云行雨施图》，美国大都会艺术博物馆藏

气了。”[1]朱熹发现在雨停或将停之际，云层变得稀薄，阳光穿过云层和水汽可映出彩虹。他肯定虹是“日色射散雨气”后产生的色散现象，这是正确的。可见，朱熹认为虹只是雨停止时出现的一种现象，并非止雨的原因。

此外，雪也是降水的重要形式之一，朱熹认为雪是“雨结成”的，并说：“只是雨遇寒而凝，故高寒处雪先结也。”[2]雪可以是水汽直接凝结而成，也可以是水蒸气先液化成水滴，再凝结成冰晶而成。更为常见的是在混合云中，过冷却水滴和冰晶相碰并黏附，当冰晶增大到能够克服空气的浮力时，便降落为雪。朱熹的解释以现代科学的眼光来看较为简单，但在缺乏气象科学理论和实验条件的南宋，已经是难得了。

阴阳与冰雹

朱熹认为阴阳交争、雨气凝结是冰雹形成的主要成因。他解释说：“正是阴阳交争之时，所以下雹时必寒。”[3]冰雹常

[1] [宋] 黎靖德编、王星贤点校：《朱子语类》卷二《理气下》，中华书局，1986 年。

[2] [宋] 黎靖德编、王星贤点校：《朱子语类》卷二《理气下》，中华书局，1986 年。

[3] [宋] 黎靖德编、王星贤点校：《朱子语类》卷二《理气下》，中华书局，1986 年。

产生于春夏之交或盛夏时节，春夏之交冷暖空气进退频繁，正是“阴阳交争之时”；盛夏的强对流云中常产生冰雹，这种强对流云会在其行进方向产生很强的下沉辐散冷气流，并伴有气压陡升、温度陡降等特征，这与“下雹时必寒”也是吻合的。朱熹还说“雹字从‘雨’从‘包’，是这气包住，所以为雹也”，这是从字义上解释冰雹是雨气包裹凝结而成的。

朱熹还从微观角度出发对冰雹的形成进行了推测。他说“今雹之两头皆尖，有棱道”[1]，这是说落地后的冰雹表面有条状突起的棱道。朱熹可能将冰雹像剥洋葱一样观察过其内部结构，并用不确定的口吻说“疑得初间圆”[2]，冰雹生成初期应该是圆形的。由于冰雹是在上升和下沉气流区中，反复碰撞、并合过冷却水滴和小冰晶等增长而成，其表面会有一层透明、一层不透明的包裹层，所以朱熹用“间圆”来形容。

对于冰雹的生成环境朱熹也有所推测，他说“上面阴阳交争，打得如此碎了”[3]，雹云中冷暖气团并存，上升与下沉

[1] [宋] 黎靖德编、王星贤点校：《朱子语类》卷二《理气下》，中华书局，1986 年。

[2] [宋] 黎靖德编、王星贤点校：《朱子语类》卷二《理气下》，中华书局，1986 年。

[3] [宋] 黎靖德编、王星贤点校：《朱子语类》卷二《理气下》，中华书局，1986 年。

冰雹结构

气流并存，确实可以用“阴阳交争”来概括。从冰雹的增长情况看，朱熹推测冰雹云内包含大量细碎的聚合物，这符合现代微观云雾物理学[1]中冰雹反复并合冰晶、雪花和过冷却水滴生长变大的过程。

古人认为露是星月之气所凝结的，直到北宋时期理学家程颐仍然坚持这个观点，朱熹却不以为然。他说“古人说露是星月之气，不然”，并解释说“露只是自下蒸上”[2]，即露只是水汽自下垫面蒸发后在物体上附着凝结而成的。他还举例说，“今高山顶上虽晴亦无露”。之所以山顶上没有露水，是因为“上面气渐清，风渐紧，虽微有雾气，都吹散了，所以不结”[3]。山顶风大，水汽来不及凝结成露就被风吹散了，这是有道理的。此外，朱熹认为“霜只是露结成”，“高山无霜露，却有雪”[4]，这些与实际情况大体符合，应是观察与经验的总结。

❶ 研究云雾降水微观物理过程的学科，重点研究固态和液态云雾滴粒和降水物的增长和消失等机理。

❷［宋］黎靖德编、王星贤点校：《朱子语类》卷二《理气下》，中华书局，1986 年。

❸［宋］黎靖德编、王星贤点校：《朱子语类》卷二《理气下》，中华书局，1986 年。

❹［宋］黎靖德编、王星贤点校：《朱子语类》卷二《理气下》，中华书局，1986 年。

天地与气候

古人已经知道南热北冷的地域气候差异，其成因一般是从距离太阳远近来解释。朱熹也说：“南方日近而阳盛，故多

南宋李迪，《雪树寒禽图》，
上海博物馆藏

暖。北方日远而阴盛，故多寒。今以越之南、燕之北观之，已自可验。则愈远愈偏，而有冬暖夏寒之所，不足怪矣。”[1]朱熹的解释显然比前人更加高明，特别是“愈远愈偏，而有冬暖夏寒之所”的结论，显然符合南、北半球季节相反的事实。在宋代，我国与南亚、东南亚等国家海上贸易频繁，人们对南北半球的气候差异应有所了解。所以，朱熹的结论可能是有事实根据的。

朱熹还注意到地形对冷暖气候的影响。他说：“闽中之山，多自北来，水皆东南流。江浙之山，多自南来，水多北流，

[1] ［宋］朱熹:《楚辞集注》卷三《天问第三》，四库全书本。

故江浙冬寒夏热。”[1]由于武夷山系的存在，福建一带山脉多北高南低，阻挡冬季风入侵，故此冬季较温暖；而夏季有利于东南季风深入，所以较为凉爽。江浙一带则相反，地形大体为南高北低，有利于冬季风深入所以比较冷，而夏季则反之。朱熹的这一认识不仅符合客观实际，也具有较高的科学价值。

综上所述，朱熹对天气气候的认识与思考，兼具理论与经验、常识与猜想，其探究事物道理的努力正是“格物致知”理学思想的体现。对云雨风雷等天气现象的成因，朱熹有完整的解释体系。他说：“阳气正升，忽遇阴气，则相持而下为雨……阴气正升，忽遇阳气，则助之飞腾而上为云也……阳气伏于阴气之内不得出，故爆开而为雷也……阴气凝结于内，阳气欲入不得，故旋绕其外不已而为风，至吹散阴气尽乃已也。”[2]朱熹以“气”的生化和“阴阳交感”来解释大气运动及各种天气现象，无疑具有客观性和进步性。

但是，令人遗憾的是这些解释或观点，随着朱熹理学地位的确立，又成为后人信奉的圭臬，反倒阻碍了人们进一步探索气象科学。

[1] [宋] 黎靖德编、王星贤点校：《朱子语类》卷二《理气下》，中华书局，1986年。

[2] [宋] 黎靖德编、王星贤点校：《朱子语类》卷九十九《张子书二》，中华书局，1986年。

元代佚名，《至圣先贤半身像之吕祖谦》，台北故宫博物院藏

二、天气日记：吕祖谦的“气象人生”

吕祖谦（1137—1181），字伯恭，南宋婺州（今浙江金华）人，著名的哲学家、文学家，人称东莱先生。他与朱熹、张栻齐名，共同被尊为“东南三贤”，是南宋时期最著名的理学大师之一，创立了极具影响力的学派“婺学”。

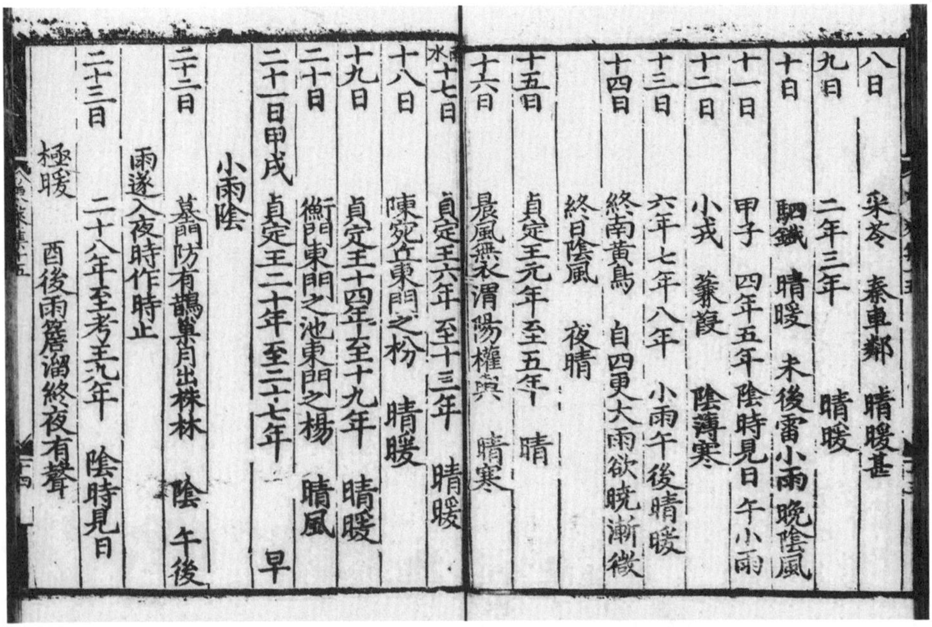
八日　采苓　秦車鄰　晴暖甚
九日　二年三年　晴暖
十日　駟鐵　晴暖　未後雷小雨晚陰風
十一日　甲子　四年五年陰時見日　午小雨
十二日　小戎　蒹葭　陰薄寒
十三日　六年七年八年　小雨午後晴暖
十四日　終南黄鳥　自四更大雨欲曉漸徹
終日陰風　夜晴
十五日　貞定王元年至五年　晴
十六日　晨風無衣渭陽權輿　晴寒
十七日　貞定王六年至十三年　晴暖
十八日　陳宛丘東門之枌　晴暖
十九日　貞定王十四年至十九年　晴暖
二十日　衡門東門之池東門之楊　晴風
二十一日甲戌　貞定王二十年至二十七年　早
小雨陰
二十二日　墓門防有鵲巢月出株林　陰　午後
雨遂入夜時作時止
二十三日　二十八年至考王九年　陰時見日
極暖　酉後雨簷溜終夜有聲

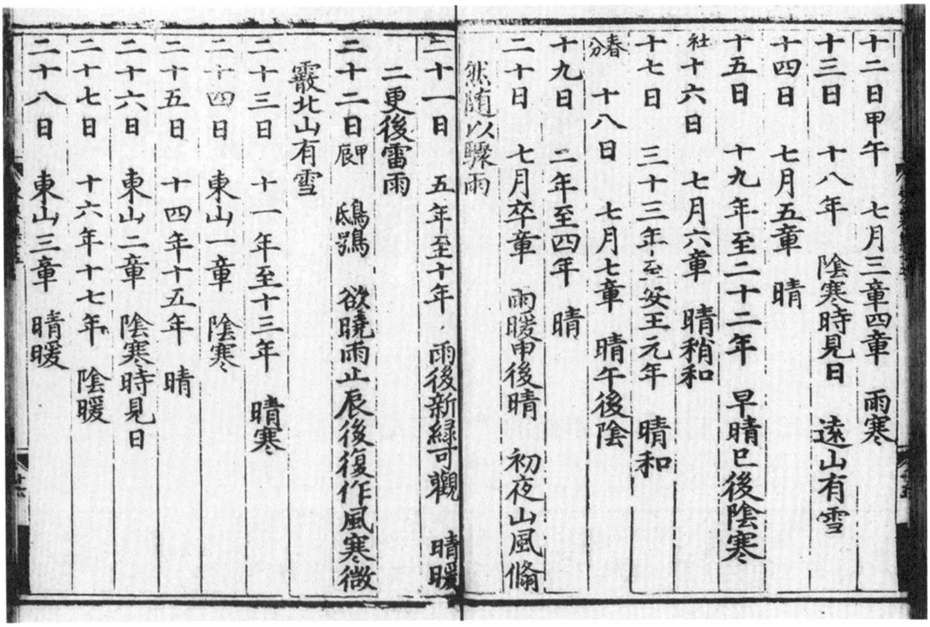
十二日甲午　七月三章四章　雨寒
十三日　十八年　陰寒時見日　遠山有雪
十四日　七月五章　晴
十五日　十九年至二十二年　早晴巳後陰寒
社　十六日　七月六章　晴稍和
十七日　三十三年至安王元年　晴和
春分　十八日　七月七章　晴午後陰
十九日　二年至四年　晴
二十日　七月卒章　雨暖申後晴　初夜山風條
然隨以驟雨
二十一日　五年至十年　雨後新綠可觀　晴暖
二更後雷雨
二十二日甲辰　鴟鴞　欲曉雨止辰後復作風寒徹
霰北山有雪
二十三日　十一年至十三年　晴寒
二十四日　東山一章　陰寒
二十五日　十四年十五年　晴
二十六日　東山二章　陰寒時見日
二十七日　十六年十七年　陰暖
二十八日　東山三章　晴暖

宋吕祖谦撰《庚子辛丑日记》书影，南宋刊元明递修，日本静嘉堂文库藏吕祖谦出身官宦世家，26 岁时先是考中了难度极高的博学鸿词科，接着又中进士，可谓才华横溢。然而，命运对吕祖谦而言是极其残酷的，他先后失去父母、三任妻子和一子一女七位至亲，四十岁时疾病缠身，四十四岁便英年早逝。

尽管如此，在吕祖谦的一生中，他勤于治学，在理学、史学等方面建树颇多。他在婺州养病期间作《庚子辛丑日记》，记叙时间从淳熙七年（1180）庚子正月初一日开始，到淳熙八年（1181）辛丑七月廿八日为止，除读书、著述等事情外，连续记载了浙江金华地区的天气变化、物候更新等内容。虽记述简短，但却是难得的物候史料。

物候是指生物等长期适应气候环境变化，形成与之相适应的生长、发育和活动规律，被竺可桢先生称为“大自然的语言”❶。对此，古人早有观察，唐代的元稹曾说：“楚俗物候晚，孟冬才有霜。”❷可见“物候”的古今含义大致相同。

《庚子辛丑日记》中的物候材料，可谓俯拾皆是，例如“十一日，十三年至十七年；欲晓雨止，紫荆盛开，鲜明；阴，晚风，遂入夜”❸。这里“十三年至十七年”是指吕祖谦编写编年体《大事记》中“周威烈王十三年至十七年”，紧随其

❶参见竺可桢《一门丰产的科学——物候学》，《科学大众》1963 年第 1 期。

❷［唐］元稹《玉泉道中作》，《全唐诗》卷四百二，中华书局，1980 年。

❸［宋］吕祖谦：《东莱吕太史文集》卷十五《庚子辛丑日记》，四库全书本。

南宋李迪，《风雨归牧图》，台北故宫博物院藏

后记载了当日也就是十一日有降雨，快到拂晓时停止，白天阴、入夜有风，当天紫荆花盛开。

淳熙七年七月“三日，五年，晴热，晚大雷雨，有雹，灯后止”[1]。这是说七月三日这天，天气晴热，到了夜晚有强对流天气发生，大雷雨和冰雹都出现了，一直持续到熄灯后才停止。

七月“二十九日，九年，阴，申后雨，檐溜有声，食顷止。夜时有雨”[2]。这是说七月二十九日阴天，在下午申时（15—17 时）之后有比较明显的降雨，雨水沿着屋檐流下时还发出清晰的声响，雨大约持续了一顿饭的时间就停止了，入夜之后又下了起来。

淳熙八年正月“四日，《甫田》一章，自昨夜大雪，林麓栏槛，高下一色，辰后止”[3]。吕祖谦记录了他在修订《读诗记》中《甫田》章节时的天气，从正月初三夜晚开始下的大雪，一直持续下到初四日辰时（7—9 时）。户外的树上、树下，还有建筑的栏杆、门槛上都是积雪，一眼望去天地上下白茫茫，浑然一色。

日记后面又记载，“十日，《大田》一章，晴，瓦沟余白，腊梅盛开”[4]。到了正月初十天气晴好，但应该还比较冷，之

[1] [宋] 吕祖谦：《东莱吕太史文集》卷十五《庚子辛丑日记》，四库全书本。

[2] [宋] 吕祖谦：《东莱吕太史文集》卷十五《庚子辛丑日记》，四库全书本。

[3] [宋] 吕祖谦：《东莱吕太史文集》卷十五《庚子辛丑日记》，四库全书本。

[4] [宋] 吕祖谦：《东莱吕太史文集》卷十五《庚子辛丑日记》，四库全书本。

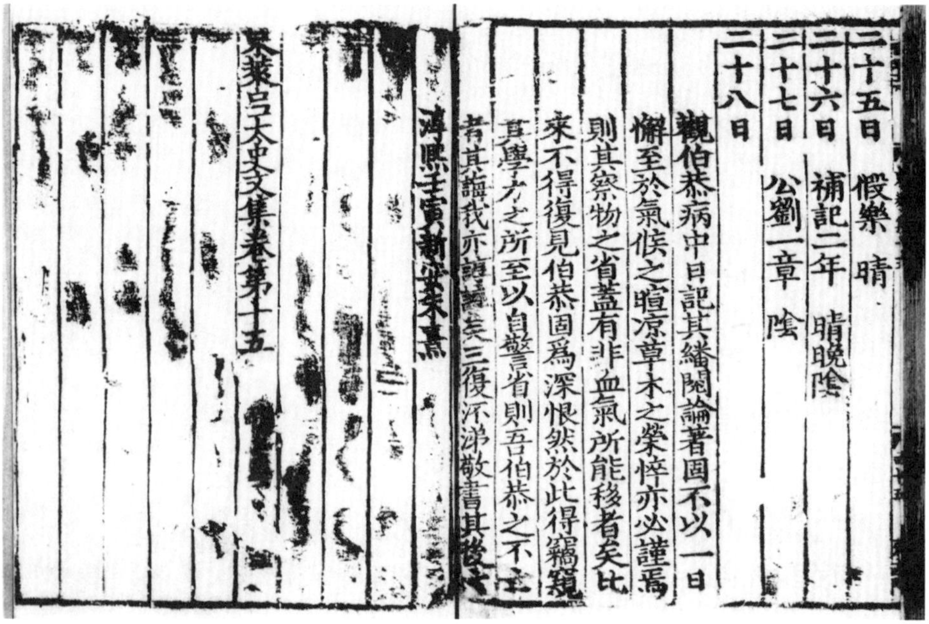

二十五日 假樂 晴
二十六日 補記二年 晴晚陰
二十七日 公劉一章 陰
二十八日
觀伯恭病中日記其繙閱論著固不以一日
懈至於氣候之暄涼草木之榮悴亦必謹焉
則其察物之省蓋有非血氣所能移者矣比
來不得復見伯恭固爲深恨然於此得竊窺
其學力之所至以自警省則吾伯恭之不亡
者其誨我亦諄諄矣三復泫涕敬書其後云
淳熙壬寅新安朱熹
東萊呂太史文集卷第十五

《庚子辛丑日记》中朱熹的跋文

前的积雪在瓦楞之间的泄水沟上还有残留，恰如白居易诗中所说“雪依瓦沟白”[1]，令人高兴的是蜡梅花迎着冷风残雪盛开了。

上述所说的“晚大雷雨，有雹”“申后雨，檐溜有声”“晴，瓦沟余白”等，是金华当地的天气变化情况，其清晰程度接近现代气象观测记录。陈胤华、张克乾等还据此重建了 1180 年和 1181 年金华地区的出入梅时间和梅雨量，作为古今气候变化研究之用[2]。而如“紫荆盛开”“蜡梅盛开”等，是当时物候变化更新的情况，仔细统计发现，吕祖谦共记录有蜡梅、樱桃、桃、李、梅、杏、紫荆、海棠、兰、竹、豆蔻、芙蓉、莲、菊、蜀葵、萱草等二十余种植物开花结果，以及春莺初到、秋虫初鸣等多种动植物信息。

❶［唐］白居易《宿东亭晓兴》，《全唐诗》卷四百四十四，中华书局，1980 年。

❷陈胤华、张克乾：《公元 1180 年和 1181 年浙江金华地区梅汛期降水的重建》，《古地理学报》2014 年第 6 期。

理学宗师朱熹在《跋吕伯恭日记》中说："观伯恭病中日记，其翻阅论著固不以一日懈，至于气候之暄凉，草木之荣悴，亦必谨焉。"[1]可见其对吕祖谦的推崇与评价之高。

吕祖谦对金华当地天气和物候的观察和记录一直持续到他去世前两日，可以说气象陪伴他走完了生命中的最后一程。

今天我们看到了吕祖谦对于天气和物候的细致观察与精当记载，但当年的他可不仅仅是为观察而观察，记下就了事。吕祖谦认为天地万物并非总是神秘莫测，而是有规律可循的，他在《易说·解》中说："自十一月观之，严霜暴雪，正万物摧挫时，无有生意，安得有雷？"[2]在"严霜暴雪"的隆冬，人们之所以能够预测来年的惊雷，就在于"积阴冱寒之后而阳气发生"，冬季虽然阴寒，但是冬去春来阳气生发，阴阳激荡就会产生雷电，这是不变的规律。掌握了这一规律，"虽无朕兆之可见，无声音之可闻"，也能认识事物的起因与后果。

吕祖谦还认为"通天地一气，同流而无间者也"[3]，世界是有机的整体，事物之间是相互联系的。当某一事物将要发生剧变之时，总会有其他事物的变化以显示其征兆的，这就要学会见微知著。他还具体谈道："物莫不有先，础先雨而润。"[4]

[1] ［宋］吕祖谦：《东莱吕太史文集》卷十五《庚子辛丑日记》，四库全书本。

[2] ［宋］吕祖谦撰、吕乔年编：《丽泽论说集录》卷一《门人集录易说上》，四库全书本。《丽泽论说集录》是吕祖谦在丽泽书院为学生平日讲述《周易》的讲义。

[3] ［宋］吕祖谦：《左氏博议》卷八，四库全书本。

[4] ［宋］吕祖谦：《左氏博议》卷八，四库全书本。

古人为使落地的屋柱不受潮腐烂，会在木柱脚上添上一块石墩，称为“柱础”，当天要下雨，空气湿度变大，柱础就会先返潮。“蛰先寒而闭，蚁先潦而徙，鸢先风而翔”[1]，同样的道理，隆冬将至，百虫会先入穴潜藏；大雨将至，蚂蚁会先向高处迁徙；大风将至，鸢鸟会先飞走躲避。

只要掌握这些天气变化的先兆，就能预测天气。当恶劣天气来临前，人们要及早采取措施、避害就利，就可以做到如吕祖谦所说“霜雪霾雾，未必能生疾”[2]。

三、《名物蒙求》：启蒙课上的天象常识

宋代的蒙学教育已经相当发达，村学、义学、家塾遍布大小村镇，这使得描绘村学的画作屡有出现，宋代毛文昌有《村童入学图》，陈坦有《村学图》，高克明有《村学图》等，可惜已失传。

宋代儿童开蒙读书，都要学些什么呢？

陆游《秋日郊居》诗序记载：“农家十月，乃遣子入学，谓之冬学。所读《杂字》《百家姓》之类，谓之村书。”[3]由此

[1] [宋] 吕祖谦：《左氏博议》卷八，四库全书本。

[2] [宋] 吕祖谦：《左氏博议》卷二十四，四库全书本。

[3] [宋] 陆游《秋日郊居》八首其七，陆游著、钱仲联校注：《剑南诗稿校注》卷二十五，上海古籍出版社，1985年。

明代仇英，《临宋人画册》之《村童闹学图》，上海博物馆藏

可见，当时村童多在农闲时入学，所读“村书”也多是扫盲读物，村童入村学可能只为识字，不求闻达。

蒙学课本，又称“蒙养书”“小儿书”，是我国古代专为学童编写的，在私塾、村学等蒙学中进行启蒙教育的课本。

早在周代，我国就有蒙学课本出现。《汉书·艺文志》记

明代仇英，《临宋人画册》之《孟母教子图》，上海博物馆藏

载："《史籀篇》者，周时史官教学童书也。"[1]唐宋以来，已出现分门别类的蒙学专书。宋代的蒙学课本，不仅有《三字经》《百家姓》等通识教材，还有道德教育、历史掌故、诗文辞赋、博物常识等专科教材。南宋时期的《名物蒙求》就是其中的代表性著作，该书是南宋政治家、理学家和教育家方逢辰（1221—1291）在家乡浙江创办家塾、教授门徒时所著。全书共有2720字，四言韵文，广而不繁，大部分内容通俗易懂。该书还被现代著名语言学家、教育家张志公先生称赞："这是

[1] ［汉］班固：《汉书》卷三十《艺文志第十》，中华书局，1999年。

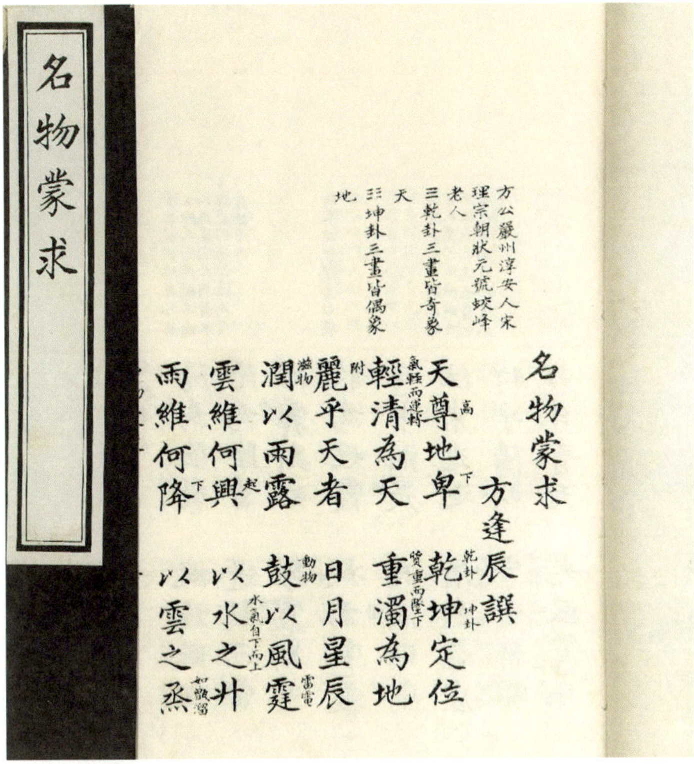

方逢辰著《名物蒙求》书影

最早的，也是最值得称道的古代蒙书之一。”❶

《名物蒙求》作为蒙学课本的创新之处是以“蒙求”形式介绍大量有关自然和社会现象的博物知识。方逢辰认为天象是由天文和气象两大部分内容或现象构成。“丽乎天者，日月星辰。润以雨露，鼓以风霆……惟霁斯虹，惟震斯电，散为烟霞，凝为雹霰。”❷这是说除了日月星辰，雨露的滋润、风雷的鼓荡、雨后的虹霁、风雨来时的雷电、雨气散化的烟霞以及雨气凝结的雹霰，共同构成大自然多姿多彩的天象。

同时，《名物蒙求》中还理性地阐释了自然界中云雨风雷

❶张志公：《传统语文教育初探》，上海教育出版社，1962 年。

❷［宋］方逢辰撰、［明］朱升辑：《小四书》卷一《名物蒙求》，嘉靖二十六年楚府武冈王朱显槐重刊本。

形成的原因。“云维何兴？以水之升。雨维何降？以云之烝。阳为阴系，风旋飚回。阳为阴蓄，迸裂而雷。”[1]这是说云的产生是由于水的蒸腾上升所致，雨的降落是云气凝结所致。阴阳二气的相互作用会引起风暴和雷电。这些解释反映南宋人对气象现象的认识水平，有些论述甚至较为符合近现代气象科学理论。

方逢辰将天象变化归结为一双看不见的神奇之手——“阴阳”。“时乎阳明，宇宙轩豁。白日青天，光风霁月。时乎阴浊，霾雾混茫。曦娥受曀，彗孛生芒。是以圣人，抑阴崇阳。《诗》防霰雪，《易》戒冰霜。”[2]这是说，若是阳气居于主导地位时，天象明朗；若是阴浊发生，则会天气昏暗，异象丛生，所以古代的圣人教导人们要“抑阴崇阳”。

《名物蒙求》还较为详细地介绍四时节序的变化。“春生夏长，秋收冬藏。春为木德，盛于东方。草木甲坼，鸟兽孳育。人民在田，播种百谷。夏为火德，万物钦荣。人民在田，以耔以耘。金行于秋，万物敛揪。是为西成，无种不收。冬为水德，万物闭塞。三时务农，一时休息。”[3]这是告诉孩童在四时节序中，作为古代农耕社会里的普通百姓，一年四季是如何在田

[1] [宋] 方逢辰撰、[明] 朱升辑：《小四书》卷一《名物蒙求》，嘉靖二十六年楚府武冈王朱显槐重刊本。

[2] [宋] 方逢辰撰、[明] 朱升辑：《小四书》卷一《名物蒙求》，嘉靖二十六年楚府武冈王朱显槐重刊本。

[3] [宋] 方逢辰撰、[明] 朱升辑：《小四书》卷一《名物蒙求》，嘉靖二十六年楚府武冈王朱显槐重刊本。

间劳作休息的。

“清明杏雨、鸤鸠鸣雨、布谷催耕”“鸣雨芭蕉、阴润为苔”“西风菰芋、秋风老桂、待霜葭菼”“冬雪癯梅、深雪菠茭”[1]。这是按照春夏秋冬的季节顺序，介绍在江南地区不同季节出现的风雨霜雪等天气现象，以及与这些天气对应的杏花、芭蕉、桂花、梅花、布谷等典型动植物的物候更替，揭示了天气与物候两者之间存在着内在联系。

“以御风雨，上栋下宇。以御冬寒，塞向墐户。”[2]这是告诉孩童通过建造房屋，调整建筑的朝向和门户，以抵御一年四季的风雨寒暑。“夏而絺绤，冬而狐貉。”[3]这是告诉孩童夏天穿葛布衣服防暑，冬季穿野兽皮毛御寒。通过建筑与服饰两个方面，来说明人们该如何应对和适应气候的变化。

《名物蒙求》中上述与气象知识相关的内容共计 260 字，约占全书十分之一的篇幅。这在一定程度上说明南宋人已经意识到包括气象在内的自然知识在社会生活中的重要性，并在蒙学课本中体现出来，以便更加全面地进行启蒙教育与素质教育。

[1] [宋] 方逢辰撰、[明] 朱升辑：《小四书》卷一《名物蒙求》，嘉靖二十六年楚府武冈王朱显槐重刊本。

[2] [宋] 方逢辰撰、[明] 朱升辑：《小四书》卷一《名物蒙求》，嘉靖二十六年楚府武冈王朱显槐重刊本。

[3] [宋] 方逢辰撰、[明] 朱升辑：《小四书》卷一《名物蒙求》，嘉靖二十六年楚府武冈王朱显槐重刊本。

四、从一桩官司谈宋代的降水观测

在古代农耕社会里，人们对降水情况非常重视。从秦代起就已经开始雨泽观察与奏报了。秦汉以降，雨水奏报形成惯例，州县一级的官员必须定期向朝廷上报当地的降水及农业生产情况。到了宋代，人们对雨水的关注除了因地制宜地开展农业生产，使季候不致失时、旱涝不致为害，甚至连打官司也离不开对雨水的观测。

打赢官司得靠“气象证明”

《名公书判清明集》是南宋人编著的一部关于诉讼判决书的合集。在这本书中曾记载了这样一桩官司：出于某种原因，黟县（今安徽黟县）官员瞒报了当地的旱情，反而向朝廷申报说本县农业丰收没有旱灾。结果此事被有心人发现并告发了，告发人说：“古人谓县令治民之官，不损犹应言损，今者所申，何其与古语背驰也？”[1]县令是亲民官，在以往即便是风调雨顺没有受灾也要报一点灾情，为当地百姓争取一些利益。如今县官不仅瞒报旱情还说本县丰收，百姓不仅失去

[1]《名公书判清明集》附录三《后村先生大全集》《黟县申本县得熟即无旱伤寻具黟县雨旸帐呈判》，中华书局，2002 年。

赈济的机会还要足额缴纳赋税，真可谓是“倒行逆施”。

为此，告发人提供了有力的证据，即“黟县雨旸帐”，他据此说：“（黟县）九十日内只有十来日得雨，所谓雨者，止是二□□或不及分，只有七月初九日雨及五分，则黟县之旱甚矣。”[1]由此可见，黟县受旱应是证据确凿、无可辩驳的。既然这件事被记录在《名公书判清明集》之中，我们猜测这位告发人最后应该是胜诉了。

那么，“黟县雨旸帐”到底是一本什么“帐”？

书中虽然没有言及更多的内容，但是从上面那段话可以推断：“黟县雨旸帐”应该就是对黟县当地天气逐日连续观测的原始记录，主要包括每日晴雨情况，降雨发生时雨量的多寡，并可以由此判断一段时间内当地的旱涝情况。文中记载最小的计量单位为“分”，即宋尺的百分之一。据已经出土的宋尺实际长度约 31 厘米，“黟县雨旸帐”中的雨量的测量精度可以达到 3 毫米左右，考虑到这是当时县级行政力量努力的结果，还是很了不起的。

[1]《名公书判清明集》附录三《后村先生大全集》《黟县申本县得熟即无旱伤寻具黟县雨旸帐呈判》，中华书局，2002 年。文中“□□”为缺字。

“天气观测”需要天天进行

在宋代，为什么会有这样一本“雨旸帐”呢？它仅仅是黟县一地的个别行为吗？

南宋数学家秦九韶在《数书九章》序言中说，农民耕种收获，全靠大自然的风调雨顺。阳光雨露，庄稼滋生，雨水淋淋，雪水润润。农业官员忧心着气象天文，下了多少雨？用器皿测量。积满了水再换上一个器皿，有时测之忧，有时测之喜。[1]这说明宋人留心农情、重视雨情，并且以较为科学的方法实测各地降水。

北宋咸平元年（998），刚刚编完宋代“大部头”《册府元龟》的杨亿离开了京城汴梁远赴处州（今浙江丽水）上任，第二年他就向朝廷提交《奏雨状》，报告处州的降水及农业生产情况。

如果说杨亿的上奏尚属个别行为的话，那么咸平四年（1001）的诏令就带有普遍的政令性质。“诸州降雨雪，并须本县具时辰、尺寸上州，州司覆验无虚妄，即备录申奏，令诸官吏迭相纠察以闻。”[2]北宋政府首先对“县”这一基层组织，提出初步的“定时、定量”的降水观测与奏报要求，州中

[1] ［宋］秦九韶：《数书九章·序》，四库全书本。原文如下：“三农务穑，厥施自天。以滋以生，雨膏雪零。司牧闵焉，尺寸验之。积以器移，忧喜皆非。”

[2] ［清］徐松：《宋会要辑稿》职官二之四五《进奏院》，中华书局，1957 年。

有司在检验没有虚妄之后，及时向朝廷报告。宝元元年（1038）北宋政府对雨雪奏报的时限进一步做出规定：“诸州旬上雨雪，著为令。”[1]诸州每旬上报一次雨雪观测情况，并固定为行政法令。

到了南宋淳熙八年（1181）又对“上雨水限”进一步细化，“自四月一日至九月终，县五日一申州，州十日一申安抚、转运司，逐司类聚，四川、二广每月，余路每半月，开具闻奏”[2]。宋代的地方行政区划基本分为“路、州（府）、县”三级，各县每五日上报一次到所属的州，各州每十日上报一次到所属的路安抚使司或转运使司。除了距离都城临安遥远的四川、两广地区每月上报一次外，其余诸路要求每半月向皇帝奏报一次全境降水情况。如果发现有重要的水旱灾情更是要随时报告给皇帝。

可以说，上述这一系列诏令奠定了宋代降水观测与奏报制度的基本框架，明确了定期、分级的管理流程。而“黟县雨旸帐”很可能就是这一制度下的产物。

[1] ［元］脱脱等:《宋史》卷一百七十三《食货上一》，中华书局，2000年。

[2] ［宋］谢深甫撰、戴建国点校:《庆元条法事类》卷四《职制门一·田令》，黑龙江人民出版社，2002年。

北宋李公麟《为霖图》，画中有“人神交互”的祈雨情景，台北故宫博物院藏

“谎报雨水”就要付出代价

《西游记》第九回《袁守诚妙算无私曲　老龙王拙计犯天条》讲了这样一个故事：术士袁守诚与泾河龙王打赌，预测下雨的时辰及雨量。第二天，泾河龙王为胜过袁守诚，赌气私自延迟一个时辰的降雨时间，克扣三寸八点的雨量，从而触犯天条，被魏徵梦中斩杀。这个故事的原型更早得见于《永乐大典》中平话残文《魏徵梦斩泾河龙》，虽然是神话故事，但也折射出我国古代严格的测雨观念，其思想渊源或可追溯到宋代的雨水观测奏报制度的督查机制。

在宋代，由于种种原因，如夥县官员瞒报旱情、谎称丰年的情况屡屡发生。北宋熙宁七年（1074）大旱，司马光在给神宗皇帝的上书中曾说：“诸州县奏雨，往往止欲解陛下之焦劳，一寸则云三寸，

元代佚名，《至圣先贤半身像之司马光》，台北故宫博物院藏

三寸则云一尺，多不以其实，不可不察也。”[1]许多州县在奏报雨情时，往往只考虑缓解皇帝陛下对旱情的忧心，故意把雨水往多处说，却不顾基本的事实。不仅州县虚报、瞒报，甚至作为“覆验”“纠察”的监司也并不尽责。

雨水观测、奏报不实的事情时有发生，这让皇帝很恼火。为了尽量杜绝此类事件的发生，最迟到南宋嘉泰二年（1202），《庆元条法事类》中就规定：“诸水旱监司帅守奏闻不实或隐蔽者，并以违制论。”[2]所谓“违制”，即违反国家行政法。该

❶［宋］李焘：《续资治通鉴长编》卷二百五十二《神宗·熙宁七年》，中华书局，1995年。

❷［宋］谢深甫撰、戴建国点校：《庆元条法事类》卷四《职制门一·职制敕》，黑龙江人民出版社，2002年。

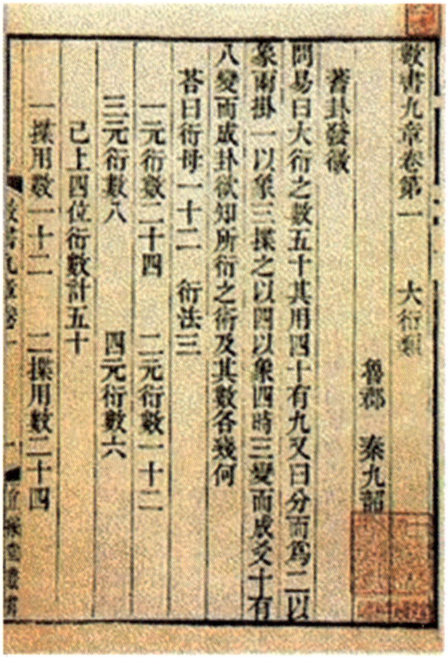

秦九韶著《数书九章》书影

诏令明确了对官员雨水奏报欺瞒行为的处罚，这种督查机制是对宋代降雨观测奏报制度的完善之举，相比之前的对瞒报、漏报、错报者无可奈何地听之任之，可谓进步了。

数学题里的“气象问题”

降水多寡始终是地方官员雨水奏报最重要的内容，也是中央政府和皇帝最为关心的问题之一。宋人或许能直观地感受到降雨强度，但对降雨量进行准确地量化却是不容易的。那么，宋人是如何测算雨雪量的呢？南宋秦九韶在《数书九章》中列出“天池测雨”“圆罂测雨”“竹器验雪”和“峻积验雪”[1]四道雨雪测量的算题，为我们提供了宋代雨雪观察与测算的细节信息。

“天池”是一种盆状容器，要根据其口径、底径、盆深和雨深数据来推算平地降雨量。“圆罂”是一种中间粗、口面大于底面的坛罐状容器，与“天池”相比需要增加“腹径”的

[1] ［宋］秦九韶：《数书九章》卷二下，四库全书本。

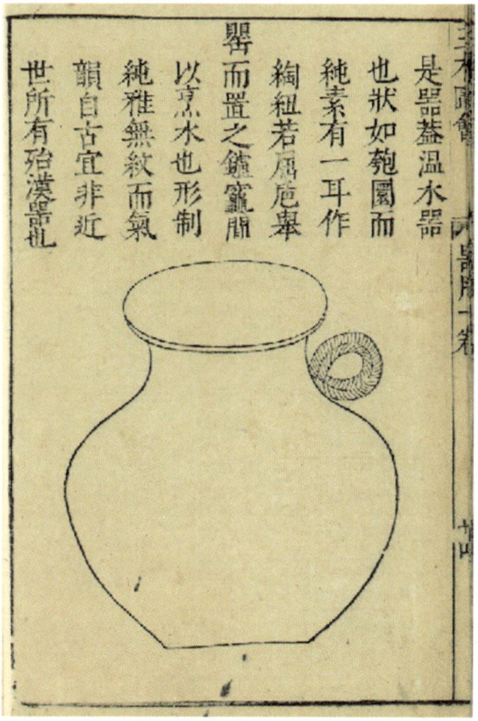

罂图（明王圻、王思义撰辑《三才图会》卷四十三《器用一》，明万历三十七年原刊本）

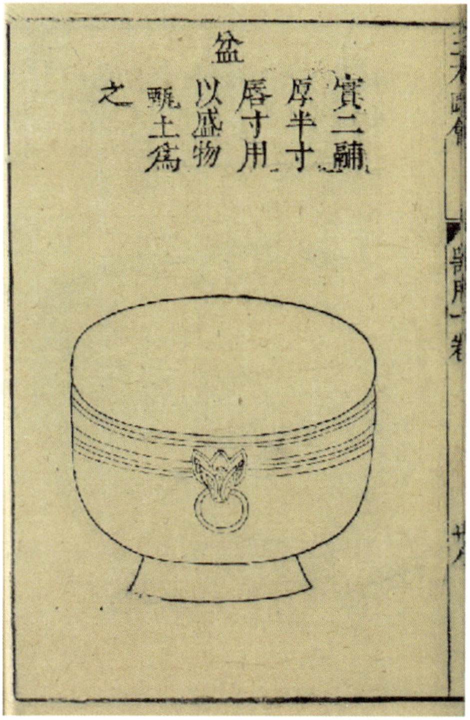

盆图（明王圻、王思义撰辑《三才图会》卷四十三《器用一》，明万历三十七年原刊本）

数据，才能推算平地降雨量。“竹器”则是一种上粗下细的竹制箩筐容器，与“天池”测雨计算类似，但是用来测降雪量的。“峻积验雪”则是将某一斜面雪深折算到平地雪深，并未涉及容器使用问题。

从“天池”和“圆罂”的使用情况看，南宋各州郡都有测雨器具，但在器具形制和规格尺寸上，似乎未作统一要求。从“竹器验雪”和“峻积验雪”情况看，积雪深度也受到关注。上述算题旨在解决不同容器测量换算成平地雨雪量的问题，由此可知，南宋人已经意识到器具测量雨雪换算为平地雨雪量，才有代表性。而利用器具测量雨雪以及平地雨雪量的正确推算，很可能是南宋实施雨水奏报制度的重要技术保障。

尽管宋人建立的这套降水观测模式还远不能与今日相比，但是考虑到当时低下的社会生产力和科技水平，已经十分难得了。借助上述观测与奏报制度，宋人可以基本掌握全国各地的降水及旱涝灾害的发生情况，这对于因地制宜地开展农业生产，有针对性地做好气象防灾、减灾、救灾工作，发挥了积极作用。从这一点上说，古人还是非常了不起的。

五、八百年前临安城的气象服务

自从北宋都城汴梁废除街鼓制度以后，汴梁城逐渐出现了一批“报晓人”，他们负责每天天明的报晓工作。南宋临安

南宋马和之，《周颂清庙之什图》（局部），画中为登坛祭祀情形，辽宁省博物馆藏

城沿袭这种风俗，报晓人在每天报晓的同时，还报告天气情况。可见，临安城已经有了“日常化”的气象服务。报晓人所报天气是实况的可能性较大，但也不排除是当日的天气预报，其信息来源可能是位于临安城中的南宋皇家天象管理机构“太史局”。

宋人祈雨、祈晴的行为非常普遍，宋代皇帝为了显示自己的权威，增强祈雨的效果，在公开祈祷前让太史局的技术官进行天气预报，以便选择适当的时机祈雨。

北宋庆历三年（1043）的夏季，京师汴梁出现旱情，谏官王公素请求皇帝亲自去祈雨。当时的仁宗皇帝说：“太史言月二日当雨，一日欲出祷。”[1]太史官说下月初二日当能下雨，仁宗皇帝根据初二日有雨的预报，决定初一日祈祷，那么太史官的预报应该是在初一日之前做出的。由此推断，当时的太史官已经能够进行 48 小时以上的晴雨预报了。史书上虽然没有记录此次预报结果是否准确，但这是宋代太史局进行天

[1] ［宋］李焘：《续资治通鉴长编》卷一百四十一《仁宗 · 庆历三年》，中华书局，1995 年。

宋代佚名，《宋仁宗坐像》，台北故宫博物院藏

气预报的直接记载。

根据《宋史》记载，太史局的行政职能包括测验天文，考定历法，观测日月、星辰、风云、气候等事宜。南宋初年的诏令明确规定，太史局必须将每个月的天文、风云、气候等观测事实上报秘书省。由此可见，太史局的工作职责与天气气候观测密不可分。尤其在南宋，太史局已经把风、云、雷、露、霜等气象现象都列入天象观测范围。详细记载宋代历史的《宋

至德观遗址，曾隶属南宋太史局，作者摄于杭州吴山

会要辑稿》中，还保存着一批南宋临安的风观测资料，其资料时序从绍兴三十二年（1162）立秋到嘉定十七年（1224）立秋，共持续 62 年，如此有系统的观测和记录，相信应当是官方所为。

现代研究表明，从东汉时期开始，主持天文台工作的灵台丞就有 42 个下属，其中 3 人负责观测风向， 12 人负责观测晴雨。南宋宁宗时期（1195—1224），太史局包括气象观测与预测在内的技术官员一度达到 125 名。

《群书考索》记载，太史局的技术官员“保章氏”就是“以五云之物，辨吉凶水旱，降丰荒之祲象……视日旁之云色降下也，知水旱所下之国”[1]。他们负责占候风气云雨，并随时将天气情况和占验结果向皇帝汇报。《续资治通鉴长编》记载“日加午，雷暴震”，当雷暴天气发生时，司天监[2]会进行观测和占验，把天气情况报告皇帝，并以“占辞”的方式趁机向皇帝进言劝谏，“国家发号布德，未及黎庶”[3]，借此引起皇帝的重视。

在南宋时可能还有大量的气象典籍存世。南宋学者郑樵曾系统地列出《占候风雨赋》《云气图》《气象图》等气象典籍目录 17 个。《宋史》收录《云气测候赋》和《占候云赋式》等气象典籍目录 26 个。上述典籍名称未见重复，可见其丰富程度，我们猜测其中相当一部分典籍应该为太史局所用。从书名判断，南宋人对于观云、占风、测雨等气象知识和天气预测已经有了比较高的认识水平。

由于宋末战乱，大量史料典籍佚失，今天已经很难看到南宋太史局工作全貌和业务流程了。尽管尚缺乏直接证据表

[1] ［宋］章如愚：《群书考索》卷五十六《占候类》，四库全书本。

[2] 太史局前身，宋神宗元丰年间司天监改为太史局。

[3] ［宋］李焘：《续资治通鉴长编》卷五十五《真宗·咸平六年》，中华书局，1995 年。

传南宋马远，《雕台望云图》，美国波士顿美术馆藏

明南宋都城临安已开展日常天气预报，但是从史料中的蛛丝马迹，特别是关于“报晓人”和“报天气”的记载来看，南宋临安城已经有惠及普通大众的日常气象服务。开展气象服务的机构可能是负责“占候风气云雨”的太史局，北宋时期该机构更多是为皇家服务，到了南宋，通过走街串巷的“报晓人”，普通市民也能享受其服务，可谓进步。

交织着风雨寒暑的历史，更加接近“全息”的历史世界。宋与我们相隔的也许不只是漫长光阴，还有早已消散却日日更生的风云变幻。在新叠加的又一重历史维度中，可以看到宋人认识自然、尊重自然，并与自然和谐共生的智慧与情怀，也让我们对宋代历史的“缔造历程”有了新的认知和理解。

正如中国画中水与墨的调和与汇聚，曾经变幻多姿的自然风雨，虽然如同画上之水早已蒸干消失，但却曾经调融墨与色，定格了风流云散又历久弥新的宋代文化。后人怀古幽思，在寻求最佳生存状态之时，想必也当能获得有益的借鉴与启迪。

参考书目

［唐］张彦远:《历代名画记》，四库全书本。

［宋］李心传:《建炎以来系年要录》，中华书局，1956 年。

［宋］李焘:《续资治通鉴长编》，中华书局，1995 年。

［宋］李昉等:《太平广记》，中华书局，1961 年。

［宋］陈元靓:《岁时广记》，中华书局，1985 年。

［宋］郭熙:《林泉高致集》，四库全书本。

［宋］不著人:《宣和画谱》，元大德吴氏刻本。

［宋］孟元老撰，邓之诚注《东京梦华录注》，中华书局，1982 年。

［宋］周密著，李小龙、赵锐评注:《武林旧事》，中华书局，2007 年。

［宋］周密:《癸辛杂识》，中华书局，2010 年。

［宋］吴自牧:《梦粱录》，商务印书馆，1939 年。

［宋］徐兢:《宣和奉使高丽图经》，四库全书本。

［宋］黎靖德，王星贤点校:《朱子语类》，中华书局，1986 年。

［宋］方逢辰撰、［明］朱升辑：《小四书》卷一《名物蒙求》，嘉靖二十六年楚府武冈王朱显槐重刊本。

［宋］苏轼撰，孔凡礼点校：《苏轼文集》，中华书局，1986年。

［宋］苏轼撰，［清］王文诰辑注：《苏轼诗集》，中华书局，1982年。

［宋］陆游著，钱仲联校注：《剑南诗稿校注》，上海古籍出版社，1985年。

［宋］陆游：《老学庵笔记》，四库全书本。

［宋］秦九韶：《数书九章》，四库全书本。

［宋］谢深甫撰、戴建国点校：《庆元条法事类》，黑龙江人民出版社，2002年。

［元］脱脱等：《宋史》，中华书局，2000年。

［明］田汝成：《西湖游览志余》，浙江人民出版社，1980年。

［清］徐松：《宋会要辑稿》，中华书局，1957年。

吴澄：《月令七十二候集解》，中华书局，1985年。

唐圭璋编：《全宋词》，中华书局，1965年。

高亨注：《诗经今注》，上海古籍出版社，1980年。